企業と商標のウマい付き合い方談義

友利 昂
Subaru Tomori

発明推進協会

まえがき

　企業における商標業務はどうあるべきか——この問いに対し、体系的・統一的な答えを出すのは難しい、というより答えることはできない、意味がないともいえます。業種や規模、顧客層、商材、市場環境等によって、商標に対するコストのかけ方、必要な人材像、採るべきライセンスや権利行使の方針は全く違うものであるべきだからです。

　一方で、どのような事業者にとっても、何らかの商標を採用することを検討し、その採用予定の商標が他人の権利を侵害しないことを確認し、商標登録による保護を試みるという具体的な業務のプロセスはおおむね共通しています。

　また、商標にまつわるトラブルが発生すれば、事業部門や経営者の悩みや課題を聴き、特許事務所や法律事務所の協力を仰ぎ、どう対処すべきかを判断し、社内で必要な助言や指導を行うこともまた、どのような企業で商標業務に関わっていても、なすべき基本動作といえるでしょう。

　こうした共通プロセスや共通動作における、物事の判断基準、合理的な思考プロセス、効率性を高める工夫、リスク回避のテクニックといったノウハウについては、ある程度まで体系化し、企業の商標担当者の共有知としてまとめることが可能です。ところが、こうしたノウハウが一冊の書籍としてまとめられる機会は、これまでほとんどありませんでした。その大きな理由として、企業において商標業務を担う実務者の人数が少ないことが挙げられます。特許担当者を何十人と置いている大企業でさえ、商標担当者は数人ということは珍しくありません。1人でその会社の商標業務をこなしているケースが大半であり、しかも他の業務との兼任という方も決して珍しくないでしょう。

　するといきおい、各社の商標業務は属人的となりがちで、その人なりの工夫が培われたとしても、同じ会社の社内でさえ共有されにくいのです。他社のノウハウを知る機会など、一部の恵まれた業界を除いてほとんどなく、ましてや他社から学び、自社の商標業務に落とし込むといった丁寧な伝承を成し遂げた方など、ほとんどいないのではないでしょうか。

　本書が目指すところは、これまで共有されることのなかった、企業人のための、商標業務にまつわるさまざまなノウハウや考え方、ヒントを一冊にまとめ、分かりやすく伝えることです。

そのために、多くの企業商標担当者が、本当は企業同士でしたくてたまらなかった「商標業務のこういうところで、いつも悩んでいるんだよね」「それはこう考えればいいんだよ」「こういうやり方が効率的だよ」という会話を、紙上で再現したいと考えました。本書が全編対話形式を採用したのは、そうした狙いによるものです。

　本書は、月刊「発明」（発明推進協会）で11年にわたり書いてきた、本書と同名の連載記事がベースになっています。その中から、書籍として残すに値する、なるべく普遍的で、将来の法改正や情勢変化の影響を受けにくいテーマを選び、全面的に見直しました。その結果、全面改稿した記事も多く、半分以上は書き下ろしといってよいほどの内容になっています。

　なお、本文は著者と編集部の対話という体裁になっていますが、実際は、前記の趣旨により、著者が対話形式を演出して執筆したものです。ただし、第5章「企業商標担当者による覆面座談会」は、企業の商標担当者として活躍されている方々に参加していただき、実際に談義した内容をまとめています。

　また、本書では、商標法や商標制度自体の解説についてはほとんど掲載していません。そうした内容を解説した先行書はたくさんありますし、むしろ、本書は先行書の解説が行き届かなかった、企業実務のリアルと本質に触れようとするものです。初めて商標業務に携わるという方には、商標の基本書との併読をお勧めします。

　本書には、法学者の論文を読んでも、特許事務所のアドバイスを受けてもなかなか得られない、企業実務の機微に通じた「企業と商標とのウマい付き合い方」のノウハウを込めたつもりです。本書を手に取ってくださった皆さまにとって、少しでも日々の業務のヒントになればうれしく思います。

2024年7月17日　友利　昴

目　次

まえがき

第1章　商標業務、基本の心掛けを語ろう！ ……………………………… 1
1．我々は何のために商標業務を行うのか？ ………………………… 3
2．商標調査はチョロいお仕事？ ……………………………………… 11
3．こんな商標調査報告書はイヤだ！　だったらどうする？ ……… 19
4．商標の出願要否はどう判断する？ ………………………………… 27
5．商標調査・出願の適切なタイミングとは？ ……………………… 35
6．本当に簡単なのか？　自社出願を考える ………………………… 43
Column 1　指定商品・役務の誤字に気を付けろ！ ………………… 50

第2章　どこまで調査・登録すべきかを語ろう！ ………………………… 51
1．キャッチフレーズは商標登録すべき？ …………………………… 53
2．SNSで使用する商標、どこまでクリアランスする？ …………… 61
3．ウェブサイト名は商標登録すべき？ ……………………………… 69
4．商標登録してもムダ！？　マネされやすい商標 ………………… 77
5．BtoB企業は商標業務に労力をかけなくてもいい？ ……………… 85
6．商標権は著作権の代わりになり得るか？ ………………………… 93
7．商標担当者は商標考案にどのように関与すべきか？ …………… 101
Column 2　商標自体の誤記に気を付けろ！ ………………………… 108

第3章　商標トラブル、交渉術を語ろう！ ………………………………… 109
1．他人の商標を使いたい！　どう交渉する！？　① ……………… 111
2．他人の商標を使いたい！　どう交渉する！？　② ……………… 119
3．第三者が3日前に同一の商標を出願していた！ ………………… 127
4．商標ライセンスで一獲千金は可能か？ …………………………… 135
5．異業種コラボをするときの商標担当者の心得とは？ …………… 143
6．商標出願で炎上しないための企業担当者の心構え ……………… 151
Column 3　警察沙汰の商標トラブルに気を付けろ！ ……………… 158

第4章　商標制度の乗りこなし方を語ろう！ 159
1．便利だが過信は禁物？　類似群コードとの付き合い方 161
2．ハウスマーク＋識別力の怪しい商標の結合商標との付き合い方 169
3．どう活用する？　刊行物等の提出による情報提供制度 177
4．存在意義は？　どう使いこなす！？　Ⓡマークの謎 185
5．どこまで意識すべき？　不使用商標取り消しリスク 193
6．使い勝手はどうなの？　マドプロによる国際出願 201
7．使用する気のない商品等について商標登録していいの？ 209
`Column 4`　商標代理人の選び方に気を付けろ！ 216

第5章　企業商標担当者による覆面座談会 217
1．商標調査・出願業務の工夫アレコレ 218
2．商標トラブルが起こったらどうする？ 223
3．商標制度に物申す！　～情報提供、不使用取消審判～ 229
4．商標制度に物申す！　～マドプロ、識別力、判定制度～ 235

あとがき

著者紹介

第1章
商標業務、基本の心掛けを語ろう！

> 　企業の商標業務の基本といえば、「調査」と「出願」だ。一見すると、地味な仕事である。だが実は、先々に起こり得るトラブルを見通す力、それに対して先手を打つ能力、法的評価にとどまらない判断力、デザイナーやコピーライターを補佐する創造力などが求められる。
> 　この基本業務を、面白いと思い、創意工夫を凝らして楽しむことができれば、毎日に働きがいが生まれるのだ。まずはここから語ってみよう。

1．我々は何のために商標業務を行うのか？

今日も商標調査、明日は商標出願。社内からは商標の表記方法について問い合わせが来たり、「類似品が出てるんだけどどうしよう！」という相談が舞い込んでくる。これが企業の商標業務だ。毎日毎日、同じようなことの繰り返しだが、ふと思う。「この仕事、いったい何の役に立っているのだろう」「何のためにこの仕事をやっているんだろう」。
　それが分からないと、働いていても楽しくない！　さぁ、みんなで考えよう！

① 商標登録は「目的」ではなく「手段」

友：まず、我々は何のために商標業務を行うのか、というお話をしたいと思います。

編：おお、非常に根源的なテーマですね。……でも、それは明らかじゃないですか？　自社の商標を、しっかりと登録するためでしょ？

友：そういうふうに考える人は少なくありません。しかし、それを命題と捉えて仕事をしていると、早晩、行き詰まるんですよ。

編：えっ、そうなの！？

友：企業人が企業で働く目的は、どんな業務でも、煎じ詰めれば自社の利益を高めるためです。でも、商標登録にはコストがかかります。商標登録それ自体に注目すれば、単なるコストです。広告宣伝の担当者が、「私は自社商品を広告宣伝するために広告業務を行っています」と言って、やみくもにバンバンと広告を出稿していたら「お前、何やってんだ、ムダなカネを使うな！」って怒られますよ。その商品の売り上げアップとか、企業認知度の向上という目的を掲げるのが正しいのであって、広告を打つことはそのための手段です。

編：言われてみればそうです。商標業務も、商標を登録すること自体を目的化するのではなく、登録することで何を成すのかが大事という

ことですね。それって、知財業務全般にいえそうですね。

友：そうですね。「特許を取れそうだから特許出願しよう」「商標登録できそうだから商標出願しよう」……油断していると、企業知財部門はそういう発想になりがちなのですが。

編：よくいわれる、手段と目的の混同ってヤツですね。

友：権利取得を目的化していると、「知財は、目的がよくは分からんけど、まぁ大事なんだろう」と思われているうちはいいんですが、例えば業績が悪化して、企業活動の費用対効果が検証される局面で、真っ先に切られるんですよ。

編：ああ……。

友：「商標？ そんなに登録する必要あるの？ 更新する必要あるの？」と冷静に費用対効果を問われて、「いや、しっかりと自社商標を登録することが大事でして……」としか答えられないのであれば、「減らせーっ！！」ですよ。

編：景気が悪くなると、出願数が減るというのはよくいわれることですが、コストの調整弁にさせられてるようで、担当者としてもモチベーションが下がるでしょうね。

友：特に商標は減らされますよ。

特許の場合は、技術分野、事業分野にもよりますが、ある事業を行う上での必須特許をなるべく網羅した特許網を形成することで、豊富な特許権の存在自体が、他人に対する参入障壁になり、競争力の源泉になります。だからシチュエーションによっては「とにかく特許をたくさん出すことが大事」でも通用するんです。

編：なんでもかんでもというのではダメでしょうけど、物量で競合を圧倒する特許戦略はアリですね。

友：でも商標って、例えばラーメン店が、100件商標登録してるからといって参入障壁になるってモンじゃないでしょ。違う商標でラーメンを出せばいいんだから。

編：1万件登録したら参入障壁になるかもしれませんが……。

友：それじゃブローカーだよ。だから、特許業務よりも、一層「何のために登録するのか？」「登録して何がしたいのか？」を自問しなければならないんです。そしてこれは、特許事務所の商標業務と、企業の商標業務の大きな違いでもあるんです。

編：といいますと？

友：特許事務所は、商標登録自体が目的でもいいんです。クライアント

の希望する商標を、希望どおりに登録に導くことが、事務所の利益になりますからね。なかには、登録の効果まできちんと検証して、出願すべきか否かにまで踏み込んだ助言をしてくれる事務所もあるし、そのほうがクライアントにとってもありがたいのですが、特許事務所にとっての一義的なゴールは、権利化それ自体でしょう。

編：でも、企業はその先を見通さないといけない。

友：そうなんですが、普段、商標担当者は特許事務所と仕事をすることが多いし、日々、アドバイスを受けていると、なんだか仕事の目的も特許事務所に感化されちゃうんです。

編：商標登録目指して、頑張りましょう！　みたいな。

友：頑張るんだけど、企業はそこをゴールにしてはならないのです。それでいうと、事務所によっては、登録査定が出ると、いつも「登録おめでとうございます！」と言ってくれますが、あれも素直に受け止められない（笑）。

編：そこは素直に喜べばいいでしょうよ！　善意で言ってるんだから！

友：いや、若いうちは、素直に「ありがとうございます！」って受け止めてたし、苦労した案件だったら今でもうれしいです。その一言で報われます。でも、ストレートに登録になった新商品や新サービスの商標で、それを毎回言われていると、「こっちはこれからその商標で商売を始めるんじゃ、勝負はこれからなんじゃ！」という気持ちになるんですよね。

②「信用」のために商標業務はある

編：では聞きましょう。何のために商標業務を行うのか？

友：それは業種や規模によってそれぞれで統一的な正解はないですが、「目的が見当たらない、言語化しにくい」という方は、商標制度の目的を踏まえると、設定しやすいと思います。商標法1条は、商標法の目的について「商標を保護することにより、商標の使用をする者の業務上の信用の維持を図り、もつて産業の発達に寄与し、あわせて需要者の利益を保護すること」としています。

　商標の使用当事者たる企業が注目すべきは「商標の使用をする者の業務上の信用の維持」の部分です。これは、全ての企業に共通する、商標業務の根源的な目的といえるのではないでしょうか。

編：業務上の信用を維持すること……。

友：そう、よく商標業務の目的を問われると「商標を守るため」「ブランド保護のため」という回答もなされるのですが、これは答えになっていない。先の条文でいみじくも「商標を保護することにより、商標の使用をする者の業務上の信用の維持を図り」とあるように、商標やブランドの保護は結局「手段」であって、それによって「信用を維持する」ことが「目的」なんです。

編：なるほど。商標は、使い続けることによって、そこに一定の信用が宿ります。「商標を守る」のではなく「信用を守る」のほうに焦点を当てようということですね。

友：そうです。信用の宿った商標については、その信用にあやかろうと、他人が便乗してきます。それを排除・牽制することは、最も典型的な「信用を維持するための商標業務」です。

編：それは権利行使ということですか？

友：もちろん権利行使もそうだし、その前提としての権利化業務もあります。商標権として保護できない（登録できない）商標もあるから、不正競争防止法や意匠法、著作権法といった周辺法で補完できないかどうかを考えるのも重要です。

　そもそも、権利化しやすく、また、他人から便乗されにくい商標を採用するように、現場を指導することもその一つです。

編：なるほど、信用を守るために、商標法や周辺法をどう使いこなすか……という発想をすれば、仕事のアイデアが湧いてきます。

友：他にも、商標に宿った信用を生かして事業領域を拡大させる、という発想で、商標のライセンスによる異業種コラボレーションの契約や運用のスキームを考えるのも商標業務の一環になります。自ら信用を失わないように、という点に着目すれば、希釈化や普通名称化を防ぐための管理・監督も大切です。品質管理やコンプライアンス体制の管理、広告宣伝、ブランドを生かした事業そのものとの親和性も高いんですよ。

③ ルーティンの商標業務のモチベーション

編：「信用」という切り口を意識するだけで、商標業務にこんなにも可能性が広がっていくとは……。

いや、でも、ちょっと待ってくださいよ。お話を聞いていると、日常的な商標業務である、新商品を出す前の商標調査や商標出願業務は、「信用の維持」というキーワードと結び付きにくくて、なんだか霞んで見えるのですが……。

友：そこなんです。新商品や新サービスについて、発売前にしっかり調査して、出願する。これは商標業務の基本とされています。しかし「信用の維持」には、直接的に結び付きません。

編：これから発売する商品の商標には、まだ信用が宿っていませんからね。

友：そうなんですよ。だから、新商品についての商標の調査や出願をするときは、未来志向というか、将来を見据えて戦略を立てるのだという発想をしなければなりません。例えば、商標出願をするときには、「これからこの商標には、信用が宿っていくだろう。そのときに、その信用を維持するためには、あらかじめどのような形で商標登録をすべきだろうか？」というふうに、「将来宿る信用」を想定して、そこから逆算し、出願要否や出願態様を検討する、といったようなことです。

　商標調査に当たっても、商標登録できない商標を採用してしまったら、信用が宿った後で誰かに便乗されても対抗策が限られてしまいますし、採用しようとする商標が他人の信用を害することになればトラブルになります。それを避けるために調査が必要なのだ、という視点を持つ必要があります。

編：これから使用する商標についても、将来宿る信用を維持できるかどうか、という発想で向き合わないといけないんですね。

友：ところが、日々、ルーティンで商標調査や出願をしていると、なかなかそういう視点は持てません。「なんで商標調査するの？」「他人の商標を侵害しないためです」。「なんで商標出願するの？」「早めに取らないと他人に先に取られるからです」。……そんな発想になってしまいます。決して間違っているわけではないのですが、本質的な業務の目的を見失ってしまうんですね。しまいには、「そういう社内ルールになっているから」という理由がまかり通るようになってしまう。これだと、モチベーションがなかなか上がりませんし、前述のとおり、ふと「キミの仕事はコストをかけるだけの意味があるのかね？」と問われたときに、答えに詰まってしまいます。

編：「決まりだからやってるだけ」というのは少し悲しいですね……。

友：もっとも、「育った信用を商標制度の力でどう守るか」が商標業務の本分なので、上市前の調査や出願といった日常業務では、その本領を発揮しにくいのは確かです。

これも特許業務との違いなのですが、特許制度は、事業の早い段階で特許網による参入障壁を築いたり、あるいは特許情報を活用することで、これから参入する事業の方向性を見定めるなど、「事業の入り口」で貢献する役割を果たすことが多いです。一方、商標制度は、信用維持の趣旨が強いことから、「事業の成熟段階」での貢献度が高いんですよ。

編：それは、特許と商標の役割分担ともいえそうですよね。イノベーティブな技術で市場を開拓するときには、特許で囲い込むことで市場を独占することを目指す。

　やがて技術的にコモディティ化した市場では特許が効きにくくなり、ブランド力で差別化を図ることが重要になってくるという。

友：そうそう。だから入り口で存在感を示しにくいことは、決して悪いことじゃない。成熟期にトラブルが起きたときや、成熟期に事業がもう一段階アクセル踏み込もうとするときは、商標担当者の腕の見せどころです。時々、権利侵害などの問題が起きた場合に、商標登録ができてなくて「最初に商標登録しなかったせいで何もできません」と諦めてしまう人もいるのですが、「いやいや、ここからだろう」と。特許は新規性が失われると後から権利化はできませんが、商標は違います。もし他人に登録されていたとしても挽回する方法はいくらでもあるんです。

編：新しい事業の商標に接するときでも、そこに信用が宿る日を想定して、仕事に励みましょう！

2．商標調査はチョロいお仕事？

企業知財部門の基本的な業務の一つが「商標調査」だ。調査ツールは日々発達しており、AI技術などを活用して、自動で類似商標を抽出できるサービスもある。すっかり手軽に商標調査ができる世の中だ。そのことのメリットは大きいが、一方で、「商標調査の業務なんてチョロい」なんて声もチラホラ聞かれるところ。誰でも簡単にそれなりの商標調査ができる時代に、企業の商標調査担当者に求められる役割とは？

① 困った「商標調査あるある」

友：今日はですね、「商標調査あるある」を言いたい。

編：えっ!? なんですか急に……。どうぞ言ってください。

友：早く言いたい〜。

編：早く言えっ！

友：「J-PlatPatで調査して何も出てこなかったんで、大丈夫だと思うんですけど〜」という前置きとともに調査依頼してくる現場部門、「簡易検索」のページしか見ていないがち。

編：類似商標をほとんど抽出してくれない、J-PlatPatのトップページの検索窓ね。

友：あの簡易検索のページって何のためにあるの？ あれでパパっと検索して、その結果で判断しちゃってる人も絶対いるよ！ 罠だアレは！ 特許庁の公式見解だと思っている人もいるかもしれない。

編：正確には工業所有権情報・研修館（INPIT）の事業ですが、いずれにせよ、どこの公的機関も、検索結果は保証していません！

友：もう一つ「あるある」を言いたい。

編：はい。

友：無料で類似商標を自動抽出してくれる事業者のウェブサイトで「類似商標は発見されませんでした」と表示されたとき、なんか不安になりがち。

編：何も出てこないと逆に不安！　なんか分かります。

友：検索プロセスの説明や、せめて「一番似ている商標でもこれでした」みたいな情報を何かしら出してくれないと、精度の手掛かりがないから、信用していいのか分からないんですよ。

編：オンライン商標調査サービスの事業者の皆さん、ぜひ参考にしてください！

友：もう一つ「あるある」を言っていいですか？

編：まだあるの！？

友：「広告代理店が商標調査したので、社内で改めて調査しなくていいですよね？」と言ってくる現場部門の人、トラブルは全て広告代理店に押し付けがち。

編：クレームが来ても広告代理店のせいです！　炎上しても広告代理店のせいです！

友：我が社の商品だろ！　お前の担当商品だろうが！　責任を持たんかい！

編：ネーミング提案と一緒に商標調査までやってくれるのはありがたいのですが……。

友：広告代理店の商標調査、ちょっと区分ズレがち。

編：それは人によるだろ！　決めつけるなよ。

②　商標調査にもTPOがある！？

友：そんなこんなでですね、商標調査って誰でも一応は簡単にできる世の中なんですよ。

編：今、お話に出たように、知財担当者としては不安になることもあるのでしょうが、公的なデータベースから、オンラインでの無料調査ツール、調査会社の商用データベース、特許事務所による調査、広告代理店による代行も含めて、選択肢は豊富です。

友：今や海外の商標調査でも、公的なデータベースや民間の安価な調査サービスがかなり充実していますからね。そんな中で、企業の商標担当者に求められる商標調査スキルって、なんだと思いますか？

編：えー？　やっぱり、さまざまな調査ツールに負けないように、自力で完璧な商標調査ができるようになることですか？

友：できるだけ自力でできることを増やすのは、非常に大事なこと。しかし、これだけいろいろな選

択肢がある時代ですから、それらを使いこなせるようになったほうが効率的ではないでしょうか。それは、全てのツールの使い方をマスターする、ということよりは、TPOに応じた最適なツールを選択できるようになるということです。

編：商標調査にTPOってモンがあるんですか？

友：大アリですよ。企業で商標調査が求められるシチュエーションは多様です。「会議で出た商標案を絞り込みたい」「使えそうかどうかのざっくりした温度感が分かればいいからすぐに答えが欲しい」「商標2案の中から、登録できそうなほうを選びたい」「使えればいい、商標登録は考えていない」「来年の春夏限定の商品の商標」「10カ国で同時発売する商品の商標」「社長直下のプロジェクトで自社のロゴマークをリニューアル」。

　　……いくらでもあります。

編：わっ。状況がいろいろあるんですね。それは確かにTPOを意識せざるを得ないかも……。

友：そのことは、特許事務所には伝わりにくいことでもあります。多くの特許事務所は、どんな調査でも、納期や1区分ごとの調査料金は固定制で、クオリティーも一定です。

でも、そうした定型的な納期・料金・クオリティーのプランがマッチするシチュエーションばかりではありません。

編：ラフでもいいからすぐに答えが欲しいときもあれば、料金は高くてもいいから完璧な答えが欲しいときもある、ということですね。

友：事案によって難易度も全然違います。少し知識があれば誰にでも間違いのない判断ができる調査もあれば、セカンドオピニオン、サードオピニオンを取っても結果が分かれるような難問もあります。

編：ま、特許事務所としては料金体系が「時価」ってわけにもいきませんから、簡単なものも難しいものも定額にして、トータルでバランスを取っているのでしょうが。

友：そこで企業の商標担当者に求められるのは、案件に応じて調査方法やツールを使い分けるスキルです。「商標案を絞り込みたいだけなら、J-PlatPatでラフな調査をする」「大量の調査をしないといけないときは、まずはAI調査で当たりを付ける」「すぐ報告しないといけない案件は、民間の商用データベースを使って自分で調査する」「重要な案件や難しい案件は、代理人のオピニオンを取る」。

臨機応変に対応しなければなりません。

編：なるほど。その時に自分が知って使えるツールがJ-PlatPatだけなら、柔軟に対応できないと。

友：そうなんですよ。世の中にある商標調査ツールの、長所と短所を一通り知っておくくらいの好奇心を持つべきだと思います。

編：主にはスピード、料金、精度（品質）という指標で、各ツールを評価していくことが大切になりそうですね。

③ 特許事務所も柔軟に使いこなそう

友：そのとおりです。もっといえば、特許事務所も同じような指標で評価して、ケース・バイ・ケースで依頼先を分けることができるといいでしょう。

編：特許事務所も使い分ける……。普通、特定の事務所と懇意にするものだと思っていましたが……。

友：特許事務所も多様化しています。スピードタイプ、コスパタイプ、説得力タイプ……と、代理人によって特徴や強みが異なるんですよ。そこで、事案によって「今日はこの先生」「この案件はあの先生に合う」と、適切な代理人に依頼できるといいと思います。

編：見分け方のコツを知りたいです。

友：頼りにするだけではなく、仕事を通して、代理人の考え方の特徴をつかむことが必要です。

それには複数の代理人と仕事をしたほうがいい。

編：特定の代理人としか仕事をしていなければ、その代理人の仕事の進め方が唯一の正解ですからね。

友：商標調査の結果（使えるか、登録できるか等）そのものは、どの代理人でもさほど変わらないとしても、調査のプロセスやコメントの内容は結構変わります。保守的か、挑戦的か。過去の審査例を重視するか、現実の使用例を重視するか。海外調査の場合は、現地代理人のコメントの翻訳が中心か、自身の見解を入れてくるか。もちろん、同じ調査でも10日かかるか、1週間かかるか、3日かかるかというスピードの違いもあります。

編：事務所にとってはプレッシャーかもしれませんね……。

④ キミは「判断」ができているか？

友：それから、商標調査において、どんなに優れた代理人にも、最先端の調査ツールにもできない、企業の商標担当者にしか成し得ない、難しい仕事があります。

編：おお、それはなんでしょう。

友：調査結果を受けて、判断を下すことです。

編：ん？　調査結果を出すことと判断は同じでは？

友：違います。「登録可能性はB」とか「使用可能性は70％」というのが調査結果で、それを受けて、企業としてその商標を採用すべきかどうかを決めるのが「判断」です。

編：なるほど。専門家のレポートを参考にして、ジャッジを下すという分担なのですね。

友：その判断を下すには、その商標の事業におけるポジション、将来性、独占適応性、先行商標権者との関係性など、さまざまな要素を考慮しなければなりません。「重要な新商品で後発品がひしめく分野だから商標登録を目指そう」「商標登録できる可能性はあるが、登録しても効果が限定的だからやめておこう」「類似度は高くないけど、競合他社が大事にしている商標だから、避けておこう」「いや、あえて攻めよう」など、法的評価だけではできないような舵取りを、我々は任せられているのです。

編：単純に、調査結果が良いから出願するとか、悪いから採用しないということではないんですね。

友：そうです。しかし、ともすれば、代理人や調査ツールが下した「登録可能性B」や「使用可能性70％」といった調査結果を、社内向けに体裁だけ整え直してそのまま横流しするだけの仕事をしている知財担当者もいますが、あれはダメですね。

編：「代理人によれば、商標登録できる可能性が6割あります」みたいな報告書ですか。

友：そうそう。代理人の見解を伝言するだけなら、キミの存在価値は何かね？

編：イヤな上司の言い方！

友：そんなネチネチとは言いませんが、そうですよ。これだけ商標調査ツールが充実している時代です。正しく使いこなせるかどうかという問題はあるにせよ、商標制度に詳しくない事業部門の担当者が、直接オンライン調査サービスを活用したり、広告代理店に調査を代行してもらえば、一応の結果は得られるんですよ。そんな時代にあって、他人からもらった調査結果を横に流すだけの仕事しかできないなら、現場からは「そんなの俺にだってできる」と思われますよ。そうしたら、いつお払い箱になってもおかしくありません。

編：厳しいですね。

友：やはり危機感を持たないと。そこで判断力が問われているわけです。「法的評価はB」だけど、こういう理由があるからここは踏み込もう、こういう理由でここは見合わせようと判断する。それは、事業と法理を両方分かっている、企業の商標担当者にしかできないことです。

編：法律の理屈だけを分かっていても、事業のことを分かっていないと、商標調査は完遂できないということですね。その逆もしかりですが。

友：そのとおり。そして判断力といえば、そもそも調査をするかしないかを判断する力も大事です。

編：調査をする前の話ですね。

友：例えば、商品のパッケージに使うキャッチフレーズを検討するときに、この商標は識別力がなさそうだな、使用方法からすると識別力を発揮しなそうだな、と評価して、「これは調査する必要はありません。そのまま進めましょう！」とジャッジできるかどうか、です。

編：これは勇気が要りますね。調査しなくていいと判断して、トラブルを招いたとしたら……。

友：責任重大です。

編：でも、そういうことこそ代理人に聞いたら？

友：それも大事ですが、代理人からは「念のために調査したほうがいい」って言われることが多いですからね……。

編：まぁ、それもそうか。事務所からしてみれば、調査依頼を受けたほうが仕事になるし、「調査しなくていい」と言った責任も負いたくないですからね。

友：片や、企業にとっては、必要性の低い商標調査を行うのはコストと時間と労力のムダ。調査をするかしないかの判断は、やはり企業の知財担当者にしかできません。

編：自分でコストをかけずに簡易調査をした上で、本調査は不要、と判断する工夫も求められそうです。

これも、法理と事業の両方の勘所をつかんでいないと、リスクの程度が分からず、判断が難しいのでしょうね。

友：そのとおりです。確かに、ツールの進化や、特許事務所のサービスの多様化によって、商標調査そのものは、昔よりもラクに、効率的にできるようになりました。その分、企業の商標調査業務に求められる質が変わっているのです。

編：多様化する調査手法を、TPOに応じて適切に選択し、使いこなすこと。それから、調査の要否や結果に対して適切な判断を下すこと、ですね。

友：その責任の重さを考えると、商標調査業務はチョロいなんて言えませんよ！

調査ツール充実時代の
企業商標担当者に求められるスキル

① 調査が必要かどうかの「判断力」

② TPOに応じた最適な調査ツール・代理人の「使いこなし力」

③ 調査結果を踏まえた、採用・出願適否の「判断力」

3．こんな商標調査報告書はイヤだ！ だったらどうする？

企業では、商標調査を特許事務所や調査会社に委託することが多い。皆さんは、彼らの調査報告書に満足しておられるだろうか？ ひょっとすると、特に疑問も持たずに、「こんなものか」と受け取っている人もいるかもしれない。しかし、商標調査は企業知財部員にとって日常的かつ基本業務だ。現状に甘んじず、質を高める努力が大切である。
だから今日は、思い切って言いましょう。「こんな商標調査報告書はイヤだ！」と。

① 納得できない報告書はイヤだ！

編：企業では新商品を発売する前に、商標調査を行いますよね。代理人に頼むことも多いと思いますが、「こんな商標調査報告書をもらっても困る！」なんてことはあるんでしょうか？

友：ありますね。

編：あるんだ。企業の方はもちろん、特許事務所にとっても企業がどんな商標調査報告書を望んでいるかは関心が高いでしょうから、今日は遠慮なくぶちまけてください。

友：まずはやっぱり、読んでも納得できない報告書はイヤですね。

編：納得できない（笑）。報告書なのに？

友：「腑に落ちない」「理解できない」と言ってもいいかもしれませんが、読んでいて「ほんとにぃ〜？」と思う報告書もあるわけです。
「非類似だろこれは！」「なんでこんな評価なんだ？」と訝しんでしまう。

編：それは「報告書の内容が間違っているんじゃないか？」ということですか？

友：いや、それは違うんです。納得できない原因がこちらの知識不足、理解不足ということもあります。たとえ知財部員として一定の法的知見があったとしても、例えば主要国と法制度が異なる国のこと

は、全く分からなかったりするわけです。そういう国の報告書は、いくら自分の常識に照らしながら読んでも納得できない場合があります。納得や理解はできなくても、「そういう決まりになってるんだから」と、受け止めるしかない。

編：例えば、飲酒や豚肉食がタブーとされているイスラム教徒の多い国では、アルコールや豚肉関係の商品について商標出願が受理されないことがありますが、それについて「なんで？」「おかしい！」と言うのはヤボですものね。

友：ただ、報告書には納得させてくれるだけの理由付けが欲しいのです。何の説明もなく「この国では商標出願できません」と言われても腑に落ちませんが、「宗教上、飲酒が禁止されている国だから」と添えてくれるだけで、報告書の説得力は十分に上がります。

編：なるほど、クライアントが納得するだけの説明が不足している報告書は困る、というわけですか。

友：そうです。特許事務所からの報告書をそのまま事業部や経営者に横流しするだけでは、知財部の仕事として不十分です。我々は法的見解を受け止めた上で、社内事情や事業計画と照らし合わせながら、企業としてどのように行動すべきかを考慮して、報告内容を再構築しなければなりません。自分が納得できない報告書に基づいて、他人を納得させる報告をすることはできませんから、納得感はかなり大切ですね。

編：これって、どこの国の報告書でも欠かせない、先行商標との類否や識別力の有無についても同様ですよね？

友：もちろんです。類否や識別力に関して難しいのは、ボーダーラインに近づけば近づくほど、そこには絶対的な解など存在しないということです。

編：過去の審査例や裁判例、最近の審査傾向などから類推して当てはめているわけですからね。判断傾向は導き出せても、断言するのは難しいところです。

友：しかも商標の類否や識別力の判断は、個々の業界の取引の実情や、使用態様、知名度、実際の事業内容などの個別具体的な事情にもかなり左右されます。過去の事例に当てはめて判断することには、どうしても限界があるのです。

編：確かに審判決例などを読んでいても、一見すると矛盾するような事例は多いですからね。

友：例えば報告書に「商標Aと商標aは類似する」とあり、それなりに判断の根拠が丁寧に説明されていても、読み手が「いや、類似ってことはないんじゃない？」と納得できないことは常にあるでしょう。

　しかしこの場合、どちらかが間違っているということではありません。どちらも正しい可能性がある。実際に争いになって、結果が出て、そこで初めて類否が確定するわけです。識別力についても同じことがいえます。

編：「シュレーディンガーの猫」みたいな話ですね。

友：ですから、納得感のある報告書を重視する立場からすれば、ボーダーライン事案ほど、断定的な評価は避けてほしい。

編：「絶対に合法です！」「絶対に侵害です！」とキッパリと評価してくれたほうが報告書として分かりやすい気もするのですが……。

友：それも分かります。クライアント側の好みもあるでしょう。傾向としてはおそらく、知財部がない企業向けの調査報告書であれば、そのほうがいい。理由はイマイチ分からないし、感覚的には違うような気がしなくもないけど、とにかく専門家が断言してくれているのだから信じよう！　という形で納得してもらえるハズです。あとはその専門家と一蓮托生（いちれんたくしょう）ですね。

② 評価が「五分五分」の報告書はイヤだ！

編：でも、現実には「絶対」の評価は真理ではない？

友：少なくとも、実際の事業が始まっておらず、商標の案しかない段階でのデスクトップ調査では、絶対的な判断は難しいでしょう。

　ですから、真理に近い報告書を得ることで納得したいクライアントにとっては、断定的な評価ではなく、もっと揺らぎのある評価、例えばパーセンテージ形式の報告書のほうがありがたいハズです。

編：降水確率のように、「使用可能性……60％」とかですか。

友：そうです。

編：しかし、降水確率60％で傘を持って行くかどうか迷うように、使用可能性60％と言われても困りませんか？

友：あぁ、困りますね。一番困るのは報告書の評価が「50％」だったときでしょう。

編：五分五分……。そんなこと言われても、という感じですよね。こちらとしては判断のしようがないじゃないですか！ ちゃんと仕事してくれよ！ やっぱり、私はパーセンテージで評価されるのはイヤだなぁ。

友：その気持ちは分かります。まぁ、どんな案件でも常に50％とか曖昧な評価しかくれない代理人だったら、その代理人は仕事をしていない可能性があるでしょう。その場合は、起用をやめたほうがいいと思いますが……。しかし、実際に50％としか法的に評価できないケースもあるのです。

編：確かに。それに、1カ月間毎日だったらともかく、たまたま「明日の降水確率は50％」という天気予報を見ただけで、気象庁に対してクレームを入れるような人間にはなりたくないですしね。

友：むしろ私としては、50％なり60％という「微妙」な法的評価だと困るというよりは、そのパーセンテージを判断可能なレベルにまで引き上げる（引き下げる）ための工夫をするのが、知財部の役目であり、腕の見せどころだろうと考えています。

編：そんなことが可能なのですか？

友：先ほど言ったように、類否や識別力の評価は、取引の実情や、個別具体的な事情、つまり実際の使用態様、市場動向、流通経路、需要者の認識、先行商標の知名度や使用状況などによってかなり左右されます。つまり、一般的、抽象的に商標同士を比較したときの類否と、現実に商品になって市場に出

五分五分って言われても……

使用可能性
50％
やってみなけりゃわかりません

どうすりゃ
いいの〜
報告書

3．こんな商標調査報告書はイヤだ！　だったらどうする？

たときの類否とでは、評価が変わる場合があるということです。そして、そうした実情等を踏まえた評価は、実際のマーケットに明るくない特許事務所には困難です。

編：なるほど、実際のマーケットを知っているのはクライアント企業であり、それを法的知見に照らし合わせることで商標調査の評価の精度を高めることができるのは知財部だ、というわけですね。

友：そうです。まぁ、50％を100％に引き上げることは難しいですが、感覚的には、20％程度の増減は十分にあり得る範囲です。

編：具体的にはどのようなプロセスで検討していくのでしょう？

友：「こういうロゴなら評価は変わるか」「こういうパッケージ案でこの位置に商標を使う場合はどうか」「高価格帯の商品だったらどうか」「主な需要者層が子どもだとしたらどうか」「スーパーマーケットで売る場合と、特殊なルートで限定販売する場合で評価は変わるか」といったように、多角的な視点からさまざまな条件を付け加えて再評価を試みることです。

編：その際にも、代理人とコミュニケーションを取り、助言をもらいながら進めるとよさそうですね。

友：はい。クライアント側に「使えるハズだ」あるいは「もっとリスクが高いハズだ」といった先入観があると、再評価に恣意が入り込む可能性があります。代理人に確認しながら進めるのが望ましいでしょうね。

編：しかし、そうやって評価の精度を高められたとしても、結局60％とか40％とか、微妙な確率にしかならない場合もあるでしょう。

友：そうですね。代理人と何度やり取りをしても、「55％です」という結論にしかならないこともありますよ（笑）。

編：刻みますね〜。もうひと声！　と呼び掛けたくなります。そういうときはどうすればいいでしょうか。

友：さらに検討したい場合は、別の事務所にセカンドオピニオンを取ることをお勧めします。しかし最終的には、その微妙な評価を踏まえて決断を下すことこそ、知財部の仕事です。その時点でできる限りの精緻な検討をして、可能な限りの条件を加えても、やってみないとどっちに転ぶか分からない。そのようなときにGOを出すか、STOPをかけるか。責任は重大ですが、これぞ知財部の仕事の醍醐味といえます。

編：なるほど。どのように判断するのがいいでしょうか。

友：それこそ正解はありません。リスク回避を重視するならSTOPですし、リスクを取る覚悟を決めればGOでしょう。事業規模、企業風土、リスクが現実になったときにどのように対処できるかの計画、最悪の事態のシミュレーション、費用対効果、現場部門や経営者と覚悟を共有できるか否か……そういったことを考慮してジャッジするしかありません。

③ 評価基準が定まっていない報告書はイヤだ！

編：その他に調査報告書で困ることはありますか？

友：たいていの調査報告書は、商標登録可能性や使用可能性を評価するわけですが、クライアント側と事務所側で、互いに考えている評価基準がズレている場合があります。これは困りますね。

編：例えば「70％」や「良好」というような評価でも、受け止め方が違うということですか？

友：そうです。何をもって「良好」とするかの定義が共有されているか否か、ともいえます。例えば、事務所の考える「使用可能性良好」の基準が、「先行商標権者と最高裁まで争えば負けません」という意味だとしたらどうでしょう。

編：「いや、最高裁まで争うつもりはないわ！」と思うクライアントは多そうです。

友：逆に「一切のクレームを受けずに平穏無事に使用できる」という基準を採用されると、今度はおいそれと「使用可能」の評価ができなくなってしまいます。「似てる、似てない」のクレームは、法的には妥当しなくても、発生することがままあるからです。

編：そこまで避けようとすると、権利侵害にはならなくても「感覚的に似ている先行商標があれば使用不可」というおかしな報告書になってしまいますね。

友：いずれも極端な例ですが、クライアントと事務所が判断基準を共有していれば問題はないでしょう。事務所と判断基準をすり合わせておくことが肝心です。

編：普段のコミュニケーションが物をいいそうです。どのあたりに基準を持っていくのが適切ですか？

友：それも企業風土や事業規模によるので、一概に「これが正解」というものはありません。でも、そうですねぇ。使用可能性であれば、「仮にクレームを受けたとしても法的に正当な反論ができて、万が一裁判になっても負けない」というところでしょうか。登録可能性に関しては、「審判で争えば登録になる」「審査段階で登録になる」「一度もオフィスアクションを受けることなく登録になる」のいずれかですかね。

　まぁ「審査段階で登録になるかどうか」あたりが妥当ではないかと思います。

編：こうした基準を持っておくと、先ほどのパーセンテージ調整の際にも、基準をズラすことで調整が可能になりますね。審査段階の登録可能性50％という評価でも、審判段階では70％ということはあり得るでしょう。審判まで争う覚悟があればGOサインを出すという判断ができそうです。

友：そのとおりです。企業の知財部にとって望ましい調査報告書は、代理人任せでは作れません。漫然と受け取って「なんだかしっくりこないなぁ。この事務所とは相性が悪いのかなぁ」などとボヤいているだけではダメなのです。代理人としっかりコミュニケーションを取り、要望を伝えなければ、自社にとって最適な報告書は受け取れませんぞ。「求めよ、さらば与えられん！」ということですね。

4．商標の出願要否はどう判断する？

事業活動のなかで日々生まれるさまざまな新しい商標。その全てが商標出願されるのである……というわけではなく、きちんと取捨選択がなされている。

「（出願）する、しない」と、新商品カタログを片手に花びらをちぎりながらブツブツ言っている人がいたら、それは企業の商標担当者に他ならない。いや、実際に花占いで要否検討することはないが、企業人はどのように商標の出願要否を考えるべきなのだろうか？

① 出願要否の決断は責任重大

編：え？　新商品に関する商標って、全部出願しているわけじゃないんですか？

友：はい、必ずしもそういうわけではありません。全部出願していたら、コストと手間がどれだけかかると思ってるんですか。

編：しかし、先願主義の商標制度の下では、使用後でも他人に登録されたら、原則、使えなくなってしまうじゃないですか（商標として使用する場合）。防衛のためには、使用する商標は全て登録しておくべきではないですか？

友：それは少々乱暴で、「机上の空論」的な話だと思います。

虎の子の商標ひとつで、長期間勝負する業態ならまだしも、業界によっては、短いライフサイクルで多くの商標を使うこともあります。それに1つの商品に使われる商標だって、商品名だけじゃないですよ。

ロゴマーク、サブネーム、場合によってはキャラクターやキャッチフレーズ……それらを全部出願していたら身が持ちませんよ。予算や人員などのリソースが潤沢なごく一部の企業だったらできるのかもしれませんが……。

編：現実的には取捨選択せざるを得ないと。

友：そうなんです。そして、この出願要否の決断こそが、企業人としてのセンスが問われる場面です。

編：どれを出願して、どれを出願しないか……。その選択が間違っていると、後で他者に登録されてしまったり、類似品を排除できなくなってしまいますから、確かに責任は重大ですね。

友：そう、責任重大なんですよ！
アンタねぇ、カタログやパッケージに載ってる商標を片っ端から出願するなんてカネさえあれば誰でもできるんだよ！　その商標を出願したときの効果、出願しなかったときのリスクを計算して、限りあるリソースできっちり成果を出すのが企業人に求められる姿勢ではないですか！？

編：ちょっと興奮気味でウザいけど、そのとおりだと思います。でもね、そんなに言うんだったらちゃんと教えてくださいよ。出願要否を見極めるためのセンスってヤツを。

友：出願要否の決め手になる指標はたくさんあって、それらを総合的に考慮することが大事です。その一つが「他人の商標との重複しやすさ」です。

編：偶然に、同一あるいは類似する商標が採用される可能性が高いかどうか、ということですか？

友：はい。それを見極めるには、「他人も考え付きそうな商標かどうか」といった視点で、自分の商標を客観視してみることです。

編：う〜ん。なんだか難しそうです。

友：意外とそうでもないですよ。例えば、任意の10文字の文字列と、任意の3文字の文字列だとしたら、どっちが重複しやすいと思いますか？

編：それは当然、単純な確率論で3文字のほうです。

友：同じ理屈で、構成がシンプルな商標ほど、他人とカブりやすいわけです。

編：そんな単純な考え方でいいんだ。すると、構成というのは文字数のことですか？

友：典型例としてはそうです。アルファベット3文字とか、称呼が2音、3音の商標を採用することが決まったら、私だったら1日でも早く出願しますね。

編：では、「スベスベドクマンジュウゴリラクローバー2世」なら？
友：出願しないし、そもそも不採用！
編：考えてみると、確かにアルファベット3文字や称呼の短い商標は、商標調査でもよく他人の同一・類似商標が見つかりますもんね。「空き」があっても、すぐ登録されてしまう可能性も高いというわけか。
友：文字に限らず、構成がシンプルな図形商標も重複しやすいです。例えば、円や三角形、五芒星（ごぼう）といった単純な図形を基調とした商標、図案化された十字架や王冠、ヒトやイヌのシルエット……このあたりは出願の必要性が高いです。
編：スマホの絵文字みたいな単純な図形のロゴが採用されたら要注意？
友：そうですね。普遍的過ぎれば識別力がなく、逆に出願する必要はないでしょうが……。

ハート、イナズマ、電球、太陽といったありふれた素材をモチーフにしたものは重複の可能性が高く、出願の優先順位も高いといえます。
編：全身タイツで顔はゴリラ、左手はカニのハサミで、右手は毒矢を放つボーガンになっている生物の図形商標だったら、出願しなくてもよさそうですね。
友：仮面ライダーの怪人かよ。
編：「スベスベドクマンジュウゴリラクローバー2世」ですよ。
友：そいつの名前だったんだ。
編：構成のシンプルさの他に、重複しやすさの判断基準はありますか？
友：「造語か既成語か」という基準ですね。
編：造語は重複しにくく、既成語は重複しやすい？
友：相対的には。

出願優先順位が高い
・文字数や音数が少ない
・ありふれた素材の単純図案
・既成語

出願は追々の検討でも可
・文字数や音数が多い
・複雑な図形
・造語

スベスベドクマンジュウゴリラクローバー2世

編：ビールの「キリン」や、プリンターの「ブラザー」のように、既成語を商標に採用することは確かにありますね。そして、語感や印象の良い既成語は、他人も採用を考えているかもしれないと……。

あ、既成語で、かつ音数が少ない商標は、より出願優先順位が高そうですね。

友：そうですね。「コアラ」「マザー」……そういう既存語を商標として採用することが決まったら、とにかく急いで出願したほうがいいと思います。

編：他にも「ムカデ」や「小銭」とか。

友：それは大丈夫だろ。売れるかっ！ そんな名前の商品！

② マネされやすい商標とは何か？

編：「他人の商標との重複しやすさ」の他に、出願要否を占う指標を教えてください。

友：「他人からのマネされやすさ」ですね。

編：ん？ どう違うの？

友：前者は偶然重複するかどうか、後者は意図的にマネされちゃうかどうかです。

編：例えばどんな商標ですか？

友：ソースの商標で「うまソース」とか。携帯電話の割引きサービスで「誰でも割」とか。

編：あぁ、なんかマネしたい。

友：品質等を暗示させるネーミングなど、登録性はあるけど識別力が少し弱めな商標は、マネされやすいんです。

編：一見、誰でも使えそうな雰囲気が出るんでしょうね。それ故にマネのハードルが低い。

友：そうそう。そして、いろいろな人が使い始めると、そのことによって識別力がさらに弱くなってしまいます。すると、登録しようとしてもできなくなってしまう可能性が高まります。そういう意味でも、できる限り早く商標登録を確保しておくことが肝心です。®マークを付けるなどして、登録商標であることを対外的に強調することも大事ですね。

編：ちなみに、「うまソース」はブルドックソース社、「誰でも割」はKDDI社の登録商標です（本稿執筆時点）。

友：この手のマネされやすい商標は、IT業界に多いんです。日々、いろいろな新しい技術や概念を表す新語が生まれて、それらの中には、商標として使われるものもあります。しかし、情報の拡散スピードが速い業界で多くの事業者に使用されると、あっという間に識別力が失われてしまう、なんてことも多いのです。

編：公表前にしっかり出願しておくことが大事ですね。

③ なぜ出願？　周年記念商標

友：もう一つ、出願要否を検討する上で、企業人なら忘れちゃいけない指標が、費用対効果です。

編：費用対効果かぁ。だけど、出願費用は先行投資じゃないですか。そりゃ、売れる商品／売れない商品が最初から分かっていたら、売れる商品に出願費用をつぎ込んで、売れない商品については出願を控えますが……。でも、それが分かれば苦労しませんよ。

友：それは確かにそうなんですが、商標に関しては特許などと異なり、新規性が登録要件ではありませんから、「販売動向を見た上で出願要否を検討する」という手段がとれるんです。売れるかどうか分からない、しかも他人とは簡単に重複しそうにない商標となれば、しばらくは出願せずに販売動向を見極めるというのも一案です。

編：言っていることは分かりますが、出願担当者としては不安になるなぁ。「当てが外れて第三者に同一商標を出願されたらどうしよう……。しかも当社の商品も大ヒットしてしまったら……。商標権侵害……？　あぁ〜〜。その責任を負うのは『出願はおいおい検討しましょう』などと悠長に構えていた自分だぁ……」と、思ってしまう人も多いのではないでしょうか。

友：そんなに不安になるくらいなら、出願したほうがいいと思いますが……。

　だけど現実的には、どんな商品でも販売計画や見通しがあった上で世に出すわけですから、それに沿って出願戦略を考えるほうが合理的だろうと思います。

編：たとえ非合理的だったとしても、不安な気持ちは簡単には抑えられませんよ。

友：じゃあ、こう考えてみてください。例えば、イベント会場において50着限定で販売するＴシャツの商標だったらどうですか。出願しますか？　どうしますか？

編：１日で売り切っちゃうの？　……それは出願しない。

友：冬季限定販売だったら？

編：今年の冬限定？　うーん、３〜４カ月か……。

友：その３〜４カ月の間に誰かが商標登録してしまう可能性、３〜４カ月しか売らない商品のために他人に権利行使する可能性を考えるとどうですか？

編：その可能性は低いかなぁ。そして、仮にその間に商標トラブルが起こったとしても、使用期間が短ければ大事には至らないことも多いでしょうね……。

友：もし、毎年恒例の冬季限定商品についての商標だったら出願したほうがいいと思いますけどね。

　じゃあ、今年だけの限定商品だったらどうでしょう？

編：１年間かぁ……。

友：一般的には１年間しか使わない商標は「短命」ですよ。最初から１年間しか使わないことが分かっている商標なのであれば、私は出願の必要性は低いと思います。

編：分割納付制度を使っても４年も余りますからね……。

友：ところが、意外と１年間しか使わない商標を出願している企業も少なくありません。

　企業の周年事業を祝うロゴマークが結構登録されているんです。「創業〇〇周年」とか「〇〇th Anniversary」のロゴとか。いや、絶対に１年間しか使わないよね、ソレ！？

編：なんで出願したんでしょうか？

友：それが分からないんですよ。文字部分の識別力のなさも手伝って、実質的な登録の効力もあまり強くない。にもかかわらず、なぜ出願したのか。

　これは仮説ですが、周年事業って、トップダウンで推進されることが多いじゃないですか。「我が社もついに今年は創業50周年。感慨深いのう。ガッハッハ！」などと舞い上がった社長が、ムリヤリ出願させたんじゃないでしょうか（笑）。

編：知財部門としては本意じゃなかったかもしれない。

友:「え〜！？ 社長、今は1月だから、すぐに出願しても登録になるのは早くても夏頃です！ 50周年の半分以上終わってますよ！」と思ったとしても、それを言い出せなかったのでは……。

編:悲しい。

友:あと、なぜか1、2回更新されている周年商標があるんですよ。10年、20年前に1年間だけ使った商標を、どういう理由で維持し続けるのか……。

編:やはりトップの意向でしょうか。

友:「我が社の大事な思い出じゃないか！」とか言って。

編:商標登録は思い出のアルバムなのか！？

友:そのうち、若手が「これ要らないんじゃないッスか〜？」とか言おうものなら、部長が「これは社長の思い出が詰まっているから打ち切るわけにはいかんのだ……」とか言って。周りが忖度し始めるんだよ、きっと。

編:社長が退くまで打ち切れないですね。でも、現に登録している企業がたくさん存在するなか、ここまで好き勝手に憶測を書き殴って大丈夫ですかっ！？

友:確かに……。じゃあ、周年関連の商標を出願したことのある読者の皆さん！ なぜ出願されたのかをぜひ教えてください。お便りお待ちしています！

5．商標調査・出願の適切なタイミングとは？

「商標調査はお早めに！」「商標登録は早い者勝ち！」よく言われるスローガンだ。これは、一面的には正しい。だが実は、早ければ早いほどいいというものでもないのだ。企業には、商標調査や出願を早めにできない、あるいはすべきでない事情がある。遅過ぎてもいけないが、早過ぎてもいけない。さまざまな事情に気配りして、適切な調査・出願のタイミングを決定するのが、デキる企業知財担当者なのである。

① 調査結果が出たらすぐに出願すべき？

編：企業の知財部では商標調査や商標出願は日常業務だと思うんですが、それぞれ、どういったタイミングで行われるのでしょうか？

友：業界や事業スキームによってまちまちですが、知財担当者がいて、企画開発のスケジュール管理ができている企業であれば、商品や役務の企画開発の段階で商標調査を行い、商品発売やサービスインが決まる前のタイミングで出願している企業が多いのではないかと思います。

編：ふーん。それが適切なタイミングなんでしょうか？

友：といいますと？

編：商標調査をしてから、発売決定までは間が空きますよね？　その間に誰かがその商標を出願してしまうということもあるのではないでしょうか。

友：いや〜、痛いところを突きますね。でも、そのとおりですよ。

　商品企画から発売決定までには、さまざまな紆余曲折があります。商品や役務の性質、企業や展開国の事情によっては数カ月、もしかすると1年単位で空くことだってあり得ます。

　その隙に、偶然にも同一の商標が他人によって出願されていて、ライセンス交渉等のクリアランス

の必要が生じたり、予定していた商標が使えなくなってしまったことは、長く知財担当をしている方なら、一度や二度は経験があるのではないでしょうか。

編：そうですよね！　調査と出願の間隔は、できるだけ短いほうがいい。調査結果が出たら速やかに出願すべし！　それがセオリーというものです。

友：でもね、それって実は他人事だからこそ言える正論なんです。
　　正論どおりにやろうとすると、別のところにほころびが生じるんですよ。

編：えっ、そうなんですか。

友：調査と出願の間隔を狭めるには、商標出願のタイミングを早めるか、商標調査のタイミングを遅くするか、どちらかの方法しかありません。

編：いや、調査結果が出たらサッサと出願すればいいじゃないですか。

友：しかしですね、調査結果が出た段階では、まだその商標を採用するかどうかは決まっていないことが多いんですよ。商標調査の結果は良好でも、ボツになることがあるんです。それを出願するとはどういうことか。出願費用がムダになるということですよ。

編：でも、商標の出願費用なんてせいぜい数万円じゃないですか？

友：出たよ。他人事だからそういう軽口がたたけるんですよ。「せいぜい数万円」なんて言うなら、ムダな出願をしたつもりで今すぐ私に５万円よこしなさいよ！

編：そんな……。

友：それに、出願した商標がボツになって、もう一度調査し直した上で出願した商標がまたボツになることだってありますし、商品や役務、事業のスタイル次第では区分数が幾つにもまたがります。代理人手数料もかかるし、海外の事業であればさらに費用はかさみます。そうなると、とても数万円では済みません。
　　数十万円になったり、100万円単位の出費になったりする場合もあり得ます。それをドブに捨てろというんですか！？

編：わ、分かりましたよ。要するに、商標出願のタイミングを、商標の採用決定前に持ってくると、コストのムダ遣いになる場合もあるということですね。

友：そうなんです。「調査結果が出たんだから、すぐに出願すりゃいいじゃん」という簡単な話ではないのです。

② 採用決定直前に調査すれば解決?

編:では、商標調査のタイミングを遅くして、商標採用の決定直前に調査すればいいのではないでしょうか? それなら、調査結果が出てすぐ出願できるのでムダがないし、誰かに横入りで同一・類似商標を出願されてしまうリスクも極小化できます。

友:あのねぇ、商標採用の決定直前に商標調査をして、例えば「明日はパッケージの印刷だ!」「明日の経営会議で社長の決裁だ!」なんてタイミングで、他人の同一・類似商標が見つかったらどうするんですか。商標の検討をまた一からやり直すことになるじゃないですか。そんなことはムリですよ。

編:ううむ……。

友:それに商標の検討にかかるコストは、商標出願費用とは比べものにならない場合もあります。人件費のかかる社員が時間をかけて考案していますし、デザイナーやコピーライターを起用することだってあるでしょう。

マーケットリサーチや消費者調査を経ることも少なくありません。そうやって時間とコストをかけて採用決定直前までこぎ着けた段階で「あ、他人の登録商標がありました」となれば、下手すると一揆が起きますよ。

編:コスト、工数のムダという観点では、商標調査のタイミングを遅らせるほうが悪手か……。

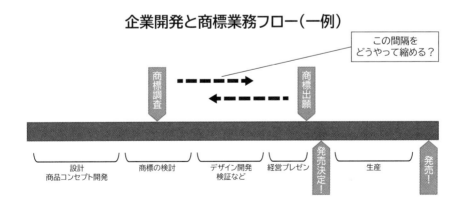

企業開発と商標業務フロー(一例)

③「やり直しのコスト」をどう考える？

友：そうです。仮に商標出願のタイミングを早めるか、商標調査のタイミングを遅くするかの二択で問うならば、前者のほうがマシな場合が多いでしょう。しかし、そもそもその二択で考えるのではなく、総合的なバランスを見極めて、事案ごとに適切なタイミングを選択することが大事です。

編：総合的なバランスというのは、主に先ほどから話に出ている、
① 商標出願コストがムダになるリスク
② 商標の検討にかかるコスト、工数がムダになるリスク
　そして、知財担当者が一番気になる
③ 調査と出願の間に他人に同一・類似商標を出願されてしまうリスク
のバランスということですね。

友：そうです。まず「①商標出願コストがムダになるリスク」ですが、先ほど話に出たように、出願コストといってもピンキリです。区分数や出願国数が多ければ100万円を優に超えることもありますが、国内の1区分で、さらに自社出願できる体制があれば、1万2000円で済むかもしれません。

　他のリスクと天秤（てんびん）にかけて、「このくらいなら仮にムダになっても割り切れる」という程度のコストであれば、リスク回避の優先順位は低くなります。すなわち、調査結果が出次第、できるだけ早めに出願する理由になります。

編：そこは各社の予算やコスト意識次第ですね……。友利さんだったら、幾らまでならムダになっても割り切れますか？

友：私は1万円だって損したくない！

編：なんかケチくさいなぁ。

友：だ・か・ら、だったら1万円くれよ！

編：それとこれとは話が違うでしょう！　……①のリスクを量る上では、「商標調査した商標案がボツになる可能性」も考慮すべき事項になりそうですね。

友：はい。調査時点で、まだ採用決定ではないけれども、採用が既定路線であれば「だったらもう出願したほうがいい」と判断できるでしょう。

　一方、企画の行く末がこれからどうなるか分からないということであれば、様子見が合理的だと思います。

編：組織内の意思決定権の階層の厚さに左右されそうですね。商品企画者自身に決定権があれば、企画者が気に入っていて、商標調査の結果が良好な案がそのまま採用されることが多いでしょう。

　一方、大勢が関わっていたり、社長が商標採用の権限を握っていたりすると、土壇場の鶴のひと声で全てが覆る可能性も……。

友：そうなんですよ。これは商標調査を行うタイミングにも関わるのですが、知財担当者が商標調査依頼を受け取った時点でほぼ案が絞り込まれている状況なのか、それともまだ生煮え状態なのかは、事業部門に確認したほうがいいですね。

　後者であれば、「もうちょっと見通しが立ってから調査しませんか？」と、調査自体を先延ばしにするのも一考です。

編：調査費用もムダになりかねないからですね。

友：商標採用に関する意思決定プロセスが単純か複雑かという問題は、「②商標の検討にかかるコスト、工数がムダになるリスク」にも関連します。

　特定の担当者や経営者のセンスで商標を決定しているタイプの企業では、このコスト・工数はたいしたものではありません。

編：その場合、商標の最終的な採用決定ギリギリのタイミングで商標調査をして、「他人の登録商標があるのでNGです」となっても、たいした問題じゃない？

友：「えーっ？　気に入ってたのに……。じゃあ、また一晩考えるよ！」で、済んだりするんです。一晩どころか、使用不可の報告書を送った瞬間に、「じゃあこっちはどうですか？」と代案の調査依頼が何度も来ることがあります。

編：それはそれで、知財部がついていくのが大変そうですが……。まぁ、NGを出してもすぐに代案が出てくるなら、商標調査のタイミングを、採用決定の直前まで遅らせて、商標調査→採用決定→商標出願を、間髪入れずに行うことが合理的といえそうです。

友：そうなんです。逆に、大企業のビッグプロジェクトなどではしばしばありますが、商標一つ採用するのに、大勢で会議して、広告代理店に発注して、偉い人にプレゼンして、決裁を得て……といったプロセスを経て商標を考案している場合、商標問題で「やり直し」となるとコストがかかる。この場合、最初から商標の候補を複数出させるようにしましょう。その中から商標調査をクリアしたものを採用するフローを徹底させれば、「やり直し」が生じるリスクを減じることができます。

編：ううん、面倒クサいですね。

④ 他人とカブりやすい商標は要注意！

友：最後に「③調査と出願の間に他人に同一・類似商標を出願されてしまうリスク」です。

編：このリスクは、コントロールしようがないですよね。他人がどんな商標を出願するかなんて、こちらには分からないんだから……。

友：いや、そんなことはありません。①と②は、企業や事業の性質に依存するリスクで、知財担当者にはどうすることもできない場合が多いですが、③のリスク分析こそ、知財担当者の腕の見せどころです。

編：といいますと？

友：「他人がどんな商標を出願するか」なんてことは確かに分かりませんが、自社が採用を検討している商標案が「他人も考え付きそうかどうか」であれば、予想することができます。

編：他人も考え付きそうかどうか、ですか。

友：例えば、文字構成や称呼の短い商標、構成がシンプルな図形商標は、他人も同じ商標を考え付きやすいでしょう。識別力が高くなく、商品等の品質を暗示させるような商標もそう。逆に、商品等の品質と無関係な造語からなる長大な商標は、比較的他人とカブりにくいといえます。

編：なるほど。商標の性質から、他人に同一・類似商標を出願されてしまうリスクを推し量るのですね。

友：それから、世の中の動向からもリスク分析ができます。流行や社会情勢を踏まえたトレンド感のある商標は、やはり他人とカブる可能性があります。

編：例えば、新型コロナウイルスが流行した時期に、「おうち○○」「リモート××」といったキーワードがよく使われましたが、こうしたキーワードを用いた商標は、③のリスクが高いというわけですね。

友：そういうことです。知財担当者は商標の性質や世の中のトレンドに対する感度を高め、③のリスクの程度を分析する能力を備えなければなりません。そして、リスクが高いと判断した場合には、多少、①の出願コストがムダになるリスクがあったとしても、なるべく早めの出願に踏み切るべきです。

編：③のリスクが①のリスクを凌駕する場合には、商標調査と出願の間隔を空けない理由になるということか。

友：この場合、事業担当者が「この商標案、採用になるかどうかまだ五分五分だから……」と渋っていても、知財担当者として「五分五分なら、空いているうちに出願しておきましょう」と背中を押すべきでしょう。

編：出願は、いつ、いかなるときでも早ければ早いほどいいという単純な話ではないのですね。総合的なバランスで調査・出願タイミングを考えるべきだということがよく分かりました！

6. 本当に簡単なのか？ 自社出願を考える

「意外と簡単！ 自分でできる商標出願！」なんていう記事や書籍を読むと「それなら、わざわざコストをかけて特許事務所に頼まずに、ひとつ自社でやってみようじゃないか」と思ってしまう。しかし、果たして本当に商標出願は自分でできるほど簡単なのだろうか？ デメリットや落とし穴はないのだろうか？
　企業知財担当者の立場から「自社出願」の良しあしや注意点を語ってみよう。

① 自社出願にトライしてみたい

編：自社出願について、ぜひ企業知財担当者の立場から語ってほしいんですよ。

友：な、なんで？

編：いやね、特許事務所勤務の弁理士による「自社出願をするときの注意点」といった解説記事は、世の中には結構あるんですが、その記事のオチはだいたい決まっています。「商標出願は、専門家に相談するのが一番確実です」。

友：ま、そりゃそうでしょうなぁ。出願依頼を受けるのが特許事務所の仕事ですから、「自社出願をどんどんやりましょう！」とは書かないでしょうねぇ。わざわざ自分の仕事を減らすようなことは言いませんよ。

編：そうなんですよ！ それを否定する気はありませんが、公平な見解といえるのか？ という疑問があります。その点、企業知財担当者はしがらみなしに、自社出願のメリット・デメリットを評価できる立場にあるでしょう。実際のところ、どうなんですか？

友：自社出願は、もちろん、特許事務所に支払う手数料分を節約できますから、その点のメリットはありますよ。それに、企業の知財部門では、担当者のスキルアップ欲として、自分でイチから出願手続き

をやってみたい、という気持ちになる人は少なくないと思います。

編：え、そういうものなんですか？

友：商標に限らず、特許などでもそうですが、願書や明細書のチェックをしているうちに、自分で書いてみたくなるんですよね。

編：まぁ、権利化手続きは、知財活動の基本というか、屋台骨ですからね。特許事務所に依頼して、原稿を確認する仕事に飽き足らず、「自分でやってみたい、やれるんじゃないか？」と思うようになるのは分かります。

友：企業から特許事務所に転職したり、弁理士資格を取ったりする人は少なくありませんが、そういう気持ちを抱いたことがきっかけになっている人も多いのではないでしょうか。

編：なるほど。コストメリットはあるし、「やってみたい」と思っている企業知財担当者は多いと。そうすると、勤務先の事情で「コスト削減しなきゃ」という状況になったとき、「じゃあ、私、自社出願やります！」ってことになりそうですね。

友：そうなんですよね。で、いざ「やってみるか」となったときに、四法の中で最もハードルが低そうにみえるのが、商標なんですよ。

編：そうなんですか？

② 商標の願書作成は簡単か

友：だって、商標の願書って単純ですよ。【商標】と【指定商品又は指定役務並びに商品及び役務の区分】の項目以外、毎回ひな形どおりのことを書けばいいわけだし。そして【商標】の欄には、自分が出願しようと思っている商標を載せればいいだけでしょう。

編：【指定商品又は指定役務】の欄が、最も注意が必要そうですね。

友：はい。ここは、政令で定める商品・役務の区分に従って、商品・役務の内容や範囲が明確に把握できるように書かなければなりません。生半可な知識で書いてしまうと、拒絶理由につながるでしょう。

また、登録後の権利範囲を規定する大事な項目なので、慎重に考えないと、実際にその商標を使用する商品とは記載内容がズレていて、権利行使するときに困る、登録した意味がなかった、ということも起こり得ます。

編：ううむ。この点に自信が持ち切れないなら、おとなしく代理人に頼んだほうがよさそうです。

友：そうですね。ただ、特許庁が公開している「類似商品・役務審査基準」から、自分が使いたい商品や役務を探して書けばそれで済むことも多いですし、そもそも、自社の業務でやるんだったら、使用する商品や役務はいつも同じということも多いですから。

編：確かに、文具メーカーだったら、多くの場合、「第16類　文房具」と書けばよさそうですし。

友：そうそう。前回の願書のデータの大部分をコピペすればいいってこともありますし、出願数がそれなりに多い企業であれば、件数をこなすことになるのですぐに慣れるかもしれません。慣れれば自分でできるでしょう。

編：いわれてみると、年に100件以上出願しているような、大手の化粧品メーカーや食品メーカーの出願を見ると、多くが自社出願ですね。

友：そのレベルになると、自社内での願書の作成もルーティンワークですよね。

逆に「ウチは年に1、2件しか商標出願しないけど、簡単そうだから内製化してみよう」という場合は、油断は禁物ですね。

編：出願しない間に、省令や審査基準が変わってることもありそうです。

友：ただ、最新の審査基準や、願書の書式、提出方法などをきちんと確認した上で行えば、商標出願の願書の作成・提出自体はさほど難しい作業とまではいえません。

マニュアルを読んで分からなくても、INPITなどに相談すれば丁寧に教えてくれますから、できないことはないでしょう。

編：おおっ！　自社出願は推奨できる！？

友：結論を急ぎなさるな。確かに、願書を作成して、特許庁に提出するという作業はやってやれないことはない。

だけど、それは商標出願業務の中の「点」に過ぎません。

③ 大事なのは願書作成の「前後」

編：願書を作成して提出することが、商標出願業務だと思ってました。

友：もちろん、願書を提出しなければ何も始まりませんが、大切なのは、その「前後」なのです。

編：「前後」……といいますと？

友：「前」の工程として、出願商標の態様の検討がありますね。

編：先ほど、願書の【商標】に書けばいいとおっしゃってましたが……。

友：出願する商標を決めちゃえばそうかもしれませんが、問題はそれを「どういう態様で出願するか」なんです。

編：それは「自分が出願したい商標」でいいんじゃないの？

友：例えばある文字商標を登録したいと思ったとして、採り得る出願態様は複数あります。ロゴで出願するか、標準文字商標で出願するか、カナとアルファベットなどの二段併記で出願するか……など。

編：なるほど。

友：識別力の程度、先行類似商標への抵触可能性、登録後の権利の強さ、類似する後願商標を排除できる可能性、かけるべきコストの多寡といったさまざまな考慮要素によって、どのような態様で出願すべきかを選択・決定するのですが、これは簡単ではありません。外部の専門家の判断を仰ぐ価値があるのは、こういう点なんですよ。

編：「出願戦術」といえる部分ですね。出願作業自体は簡単だとしても、ここは確かに難しいかも……。

友：願書がシンプルな分、「こんなの誰にでもできそうじゃん」と思うんですが、実はそこに罠があるのです。

④ 事務管理の体制はあるか？

編：だけど、逆に言えば、知財部員のスキルがしっかりしていて、そういう戦術的な部分も考えられるのであれば、問題ないですよね？

友：いや、もう一つ、検討しなければならないことがあります。

編：まだあるんですか！？　早く自社出願させてくださいよ！

友：我々は、出願した「後」のことも考えなければなりません。

編：まぁ、確かに出願すればそれで終わりじゃないですからね。登録まで至らしめないことには……。

友：まず確認しなければならないのは、自社出願に耐え得る事務の体制が整っているかどうか。
　　案件ごとの進捗管理、特許庁からの発送書類の管理、応答期限の管理、費用の支払い、予納金の管理、審査官とのやり取りなど、出願から権利化までに付随する事務作業は、かなり多いのです。

編：なるほど。自社出願するということは、そういうことも全部やらないといけないんだ。

友：「自分の実務スキルなら、商標登録くらい十分できるさ」と思っていても、こういうところに目が行き届いていない人は意外と多いんですよ。その結果、思ってもみなかった事務作業に追われて、てんやわんやになってしまう……。

編：事務作業の大変さって、実際にやってみなければ分からないですからね。

友：普段から、そういう仕事を特許事務所や部下などに任せっきりにしている人は、一回、全部自分の手を動かして体験してみることです。その上で、今の環境でできるかどうかを検証してみましょう。

編：自社出願でコストカットしたつもりが、事務のアルバイトを雇うことになって結局コストアップ……、じゃあ笑えないですもんね。

友：そう、本末転倒ですよ。それから、中間処理をすることになったときに、きちんと対応できる体制を整えておくことです。

編：拒絶理由通知が来たり、拒絶査定になってしまった場合の対応ですね。

友：意見書や手続補正書なども自社で作成して応答するのか？　それとも、手に余る事態になったときには代理人に中途委任するのか？　そういうことをシミュレーションしておかなければなりません。

編：いざという時のために、中途委任できる特許事務所とのパイプは、あらかじめつくっておくのがよさそうです。

友：それを推奨します。いざ拒絶理由通知を受け取った後で、そこから対応してくれる特許事務所を探すとなると、応答期限までの日数をムダにロスすることになりますからね……。また、ほとんどの事務所は中途受任を断らないと思いますが、あまりにも最初の願書に難があったり、無理筋な案件だと、受けてくれないことがあるかもしれません。

編：自社出願をするとしても、特許事務所との日頃からの付き合いは、維持しておいたがよさそうです。

友：最後に、自社出願で無事に登録まで至ったとして、その後の更新期限管理をどうするかということも考えなければなりません。

編：特許事務所に出願代理を頼むと、そのまま登録後の期限管理もしてくれるケースは多いですよね。

友：はい。しかし、自社出願となると、更新期限の管理も自社で行わなければなりません。果たしてそれができますか？　ってことです。

編：正直、10年後に訪れる商標権の更新日のことなど、確実に忘れているでしょうね。

友：誰だってそうだと思います。なので、期限管理だけを特許事務所や管理会社に委託したり、期限管理のためのソフトウエアやサービスを導入するなどの対応を採るケースが多いのです。これらにどのくらいのコストがかかるのか、委託手続きやソフトへの入力漏れを防ぐ体制を整えられるか、といったことを検討する必要があります。

編：なるほど……。願書を作成するのは簡単だといいますが、先々のことまで考えると、結局、自社出願もなかなか大変そうですね……。

友：そうなんですよ。一番いけないのは、「自分でもやってみたい、やれそうだ」という初期衝動や、「コストカットしなきゃ」という事情から、深く考えもせずに自社出願に舵を切ってしまうことですね。出願手続きから派生する先々のことまで考えて、「本当にやれるのか？」「本当にコストカットになるのか？」ということをきちんと

シミュレーションする必要があるでしょう。ま、とにかく一歩踏み出して、走りながら考えるのも良い経験ではありますが。

編：よく分かりました。ちなみに、もし自社出願に舵を切った場合、それまで出願を委任していた特許事務所との関係性が悪くなったりしないのでしょうか？

友：依頼が減ることにはなりますから、それを喜ぶ特許事務所はいないでしょうけど……。しかし、これまでお話ししたとおり、商標出願にまつわる業務を、全て自社内で完結させることはむしろ困難なんです。仮に出願手続き自体は自社でやることにしたとしても、出願前の相談や調査、審査がスムーズにいかなかったときの中途委任、更新期限管理など、協力を仰ぐべき局面は必ずあります。

「自社出願＝特許事務所と袂を分かつ」という発想をするのではなく、違う形のパートナーシップを形成する意識を持つべきだと思います。

編：それは、特許事務所側にも同じことがいえそうですね。

友：そうですね。クライアントが自社出願に踏み切ったからといって、そこからの依頼が何もなくなるとか、縁が切れるというわけではありません。落ち込んだり、なかには「もうあそこからの依頼は受けない！　中途受任もしない！」とヘソを曲げてしまう事務所もいると聞きますが、そこまでネガティブに捉えることはないでしょう。

　企業の事情やニーズも多様化していますから、お互いに柔軟な意識で、より良い関係を築く努力をすればいいのだと思います。

自社出願をするならココに注意

① 商標の態様、指定商品・役務を適切に選定できる？

② 進捗管理・期限管理・支払いなどの事務作業はできる？

③ いざという時に中途委任できるパートナーはいる？

④ 登録後の更新期限は管理できる？

Column 1　指定商品・役務の誤字に気を付けろ！

　自分で商標出願の願書を書く際に、最も気を付けるべきは、【指定商品又は指定役務】の欄である、と本文で述べました。繰り返しになりますが、ここが不適切な表示だと拒絶理由になりますし、せっかく登録した商標権の効力範囲が、本来の意図とズレていた、ということになりかねません。

　しかし、いくら慎重に商品・役務を検討しても、決してなくならないのが「誤字・脱字」です。このうち、明らかに誤記としか認識できない内容であれば、審査官の裁量で職権訂正してくれる場合もあるようです。一方、記載が不明瞭と判断されれば拒絶理由となり、手続補正対応を迫られます。特に、言葉の意味が変わってしまう変換ミスには要注意。「工業」と「興行」、「演芸」と「園芸」など、指定商品・役務の表示としてどちらも使われる同音異義語の変換ミスは、よくやってしまうという方も多いのではないでしょうか。

　こうした拒絶理由に対しては、補正で誤記を訂正すればよく、克服困難ではありません。でも、誤字・脱字を拒絶理由通知で指摘されると、脱力するんですよね……。ケアレスミスをした自分にも腹が立ちますし、「いや、誤字って分かるだろ！　適当に職権訂正しといてよ、審査官！」と恨み節をこぼしたくなります。

　また、以前に作成した、誤字のある願書を平然とコピペして出願を繰り返していると、数カ月後に同じ誤字を理由とした拒絶理由通知が連発されることになり、一層、頭を抱える事態に陥ることになるので、出願前には、しっかりチェックましょう。

　ちなみに、私がかつて見た中で、最も脱力したのは、「薬剤及び医療補助品の小売又は卸売の業務において行われる顧客に対する便益の提供」と書くべきところを、「薬剤及び医療補助品の小売又は卸売の業務において行われる顧客に対する**便座**の提供」とした誤字です（商願2012-30604）。「便益」を「便座」と書き間違えるかね！？　「便器」ならまだしも。それにしても、ドラッグストアで顧客に対して便座を提供するサービスとは。「風邪ですね。温かいお便座を出しておきましょうね」なんて薬剤師さんが言ってくれるんでしょうか。存在してほしい気もします。

第 2 章
どこまで調査・登録すべきかを語ろう！

> キャッチフレーズ、ウェブサイト名、SNS、イラスト……「これって、どこまで調査すればいいの？」「商標登録したほうがいいの？」。誰もが悩む問いだろう。事業活動における「商標らしきもの」は数多いし、商標権の効力範囲はとかく誤解されやすい。特許事務所に尋ねれば「調査・出願したほうが無難です」と言われることが多いが、そりゃ、代理人の立場ならそう言うよねぇ……。「どこまでやれば」の問題は、企業担当者自身が熟慮し、判断すべきなのだ。

1．キャッチフレーズは商標登録すべき？

新商品や新サービスの名称は発売前にしっかりと商標出願するのが、デキる商標担当者だ。ところが、発売された商品の広告を手に取ると、確認した覚えのない「キャッチフレーズ」が付いていることに気付いた。「これって商標出願してないけど、大丈夫？」。
こんなとき、慌てて商標出願すべきだろうか？ それとも、「キャッチフレーズなら、まぁいいだろう……」と見過ごすべきか？ さて、あなたならどうする？

① 何のためにキャッチフレーズを付けるのか

編：企業ロゴや商品名にはキャッチフレーズが付いていることが多いですよね。
友：「お口の恋人」ロッテや、「元気ハツラツ」オロナミンCなどですね。
編：そうそう、「おきゃんなレディ」とか。
友：酒井法子のデビュー当時のキャッチフレーズはいいんだよ。「1000年に一人の美少女」橋本環奈とかね。
編：なぜキャッチフレーズをわざわざ付けるのでしょう？
友：アイドルが？
編：いや企業名や商品名の話ですよ！
友：あんたが話をズラしたんでしょ！

　企業名や商品名には、語感やイメージ重視の商標が採用されがちです。そういった商標は、覚えやすかったり、耳触りは良いのですが、その企業の理念や事業内容、商品の特徴やセールスポイントがよく伝わりません。
編：確かに。「ロッテ」や「オロナミンC」は有名だから理念や特徴が分かりますが、新商品なら……。
友：例えば、ヘッドホンの商標で「DREAM ZONE」って言われても、どんな商品だか分かりませんよね。そこに「浮遊感のあるサウンドを。どこにいても。」といったキャッチフレーズが添えてある

と、なんとなくセールスポイントが伝わるわけです。

編：なるほど。商標の説明の補助といいますか。

友：一方、商品名自体が説明を兼ねていたり、企業名が理念を体現している商品や企業もあります。

例えば「じっくり煮込んだゴロゴロ野菜のコンソメスープ」や「株式会社健やか生活」といった商標（商号）です。このように商標自体が説明的であれば、わざわざキャッチフレーズを添える必要はありません。

② キャッチフレーズは商標登録できる？

編：キャッチフレーズの存在意義が分かってきました。ここで質問なのですが、キャッチフレーズは商標登録すべきなのでしょうか？

友：それを悩む商標担当者は少なくありません。そんなとき、皆さん、まずは商標審査基準を読む傾向があります。我々も、まずは審査基準上どのように扱われているかを確認してみましょう。

編：3条1項6号が関係しそうです。

友：6号は、3条1項5号までに例示する商標以外でも、一般的に「需要者が何人かの業務に係る商品又は役務であることを認識することができない」、つまり識別力のない商標は登録できないとする条項です。

編：その「一般的に識別力がない」商標というのはどんなものか、審査基準で説明されているわけですね。

友：6号の審査基準には10の類型が挙げられていますが、その一つに「指定商品（役務）の宣伝広告」あるいは「企業理念・経営方針等」を表示したものとしてのみ認識される商標が挙げられています。これがキャッチフレーズを指しています。

編：おお、ではキャッチフレーズは商標登録できない！？

友：ただし、続けてその出願商標が宣伝広告や企業理念等としてのみならず、「造語等としても認識できる場合」は6号非該当（識別力がある）とも書かれています。

そして、出願商標がどのように認識されるかは「総合的に勘案して判断する」とあるのです。

編：なんだかよく分かりませんね。

友：要するに、商標登録できないキャッチフレーズもあれば、登録できるキャッチフレーズもあると。

間接的・抽象的なキャッチフレーズなら商標登録できる

編：そんなことを言われても……。
友：一応、具体的な判断基準の例も示されています。「宣伝広告以外を認識させる事情」の例として、指定商品（役務）との関係で「直接的、具体的な意味合いが認められないこと」とあります。
編：まだよく分かりません。
友：例えば菓子について「サクサクおいしいチョコビスケット」だったら？
編：直接的で具体的ですね。
友：では「ほっぺに花咲くサクサクハッピーチョコビスケット」は？
編：……間接的で抽象的ですね！
友：つまり、商標登録できる可能性があるということです。
　　また、「宣伝広告以外を認識させる」「企業理念等以外を認識させる」シチュエーションの共通例としては、「出願人が一定期間使用しており、また第三者が使用していないこと」が挙げられています。
編：使用による識別力が必要ということでしょうか？
友：審査基準の書きぶりからすると、3条2項で要求されるような強い識別力までは要求されず、一定期間の使用かつ第三者の不使用があれば登録の可能性があるといえるでしょう。
　　チョコレートの例でいえば、「キットカット」の「Have a break」や「ポッキー」の「Share happiness」などでしょうか。意味を考えると比較的ありふれたフレーズですが、「使われがち」というほどではありません（いずれも登録商標）。

③ キャッチフレーズは商標登録すべき？

編：商標登録できるキャッチフレーズと、できないキャッチフレーズの境界線が分かってきました。
　しかし結局、キャッチフレーズの商標登録を試みるべきか否かについてはどう考えればいいのでしょうか？

友：そこなんです。審査基準が教えてくれるのは、キャッチフレーズを商標出願したときにどのように審査されるのかであって、登録できるかできないかに一定の予見を与えてくれますが、企業がキャッチフレーズを登録すべきかどうかについての答えを示してくれているわけではありません。そこは特許庁には頼れないのです。

編：審査基準に照らして、登録できそうなキャッチフレーズは出願する、という考え方はどうでしょう？

友：予算が潤沢な一部の大企業はそうしているケースもあるでしょうが、結果としてムダな出願が多いとも評価できます。「登録できそうだから出願する」というのは登録が目的化してしまっているので、主客転倒といえます。

編：では、どうすれば……。

友：ひと言でいうと、そのキャッチフレーズを「自社の商品（役務）の出所を表す識別標識」、要するに「商標として」使用する意思があるかどうかで決めるべきです。

編：ちょっとよく分かりません……。

友：先に、キャッチフレーズの存在意義は、メインの商標に対する説明補助だと言いました。「DREAM ZONE」だけではどういう商品だか分からないので、その特徴を端的、魅力的に説明するために「浮遊感のあるサウンドを。どこにいても。」というキャッチフレーズを併記するというシチュエーションでした。これは、商標を２つ並べているわけではありません。

編：商標はあくまで「DREAM ZONE」であって、後者はその魅力や特徴の説明であると。

友：そうである以上、商標登録して保護すべきは「DREAM ZONE」であって、キャッチフレーズのほうではありません。

編：相対的な重要度の違いは分かりますが、商標登録しないと「浮遊感のあるサウンドを。どこにいても。」を他人に使われても文句を言えなくなりそうですが……。

友：本当に文句を言いたい（独占したい）なら商標登録してもいいでしょう。しかし、本来は商標として使わないフレーズを、果たして本当に独占する必要があるでしょうか。仮に他人が自社と同じキャッチフレーズを使ったとしても、メインの商標が別にある以上、キャッチフレーズが共通していることをもって、出所の混同を招くおそれはあまり考えられません。

　混同されないということは、不利益もないということになります。また、他人の使用があくまでキャッチフレーズとしての使用であって、商標としての使用とみなすことができなければ、たとえ商標登録していたとしても、商標権の効力は及ばない（26条1項6号）ことにもなるでしょう。

編：登録する必要性も乏しければ、実効力も伴わないということか……。しかし、「俺が先に考えたキャッチフレーズだ！」という不満は募りそうですが……。

友：分かります。しかし、そもそも商標法は自分が先に考えた言葉を独占するための法律ではなくて、商標として使用する標章に宿る信用を保護するための法律です。もともとその不満は、商標権の力で解消するものではありません。言葉自体の独占を考えるのであれば著作権法の領域ですが、一般にキャッチフレーズは短くて内容も端的なので、著作権が認められにくい傾向があります。

　キャッチフレーズをキャッチフレーズとして独占することは困難なのです。

④ 商標登録すべきキャッチフレーズとは？

編：うーむ。すると、キャッチフレーズは商標登録できることもあるけれども、登録する意味はあまりないということでしょうか。

友：もともと多くのキャッチフレーズが「商標の説明補助」という役割を担っている以上、メインの商標と切り離してキャッチフレーズを単独で登録しても意味がない場合のほうが多いのではないでしょうか。

　一方で、説明補助の役割を果たすと同時に、意図的に商標として、つまり自社商品（役務）の出所表示として使用する場合もあります。

　特にコーポレートロゴに添える

キャッチフレーズ（企業スローガン）には、自社とキャッチフレーズを強固に結び付けようとする意思を込めているケースも比較的あるのではないでしょうか。要するに、「このキャッチフレーズといえば当社！」という気概で考案し、使用するということです。

編：商品（役務）でも、「そのキャッチフレーズといえばこの商品（役務）！」ということもありそうですね。

友：そうした意思の下で使用する場合は、商標登録による保護の必要性があります。

編：キャッチフレーズの目的を見極めて、商標登録すべきかどうかを判断する必要があるのか……。

友：そのとおりです。そして、最初から商標としての使用を意図するのであれば、審査基準などに照らして「商標登録できるキャッチフレーズ」をあらかじめ採用できるよう、知財部門として積極的に関与すべきです。

編：「このキャッチフレーズといえば当社！」を実現したいのに、経営層から出てきた案が「未来を創る企業」「まごころ第一」みたいな、企業理念としてありふれたキャッチフレーズだったとしたら……？

友：極力、止めるべきでしょうね。こういう企業スローガンって、経営層がトップダウンで決めることが多いので、社員が「いやちょっとそれは……」と思っても反論しにくいんですよね。『『未来を創る企業』って社長！……平凡ですよ！ダサいですよ！」って言いたい社員は多いと思うのですが。

編：そこまで言わんでも。

友：だから知財部門しかないんです、「社長！　それは商標登録できません！　独占するには、もっと識別力が必要です」とキッパリ進言できるのは。

編：「平凡でありふれている」の言い換えとして「商標登録できない」というのはウマい手ですね。

友：「分かりやすくて親しみがあって、私はステキだと思いますよ！さっすが社長！　……でも、特許庁が認めないと思うんですよね～！」と（笑）。

編：特許庁のせいにして（笑）。

友：あと知財部門として意識しなければならないのは、当初は商標として使用する意図はなく、単なる説明補助のためだったキャッチフレーズが、商品が有名になっていく過程で、自然と「そのキャッチフレーズといえばこの企業のあの商品」という状況に至る場合もあることです。

編：後発的に商標として機能するようになり、要保護性が生じると。

友：このときに遅滞なく、商標登録に動けるようにすることが大切です。「最初に商標ではなく、単なる説明のためのキャッチフレーズだと判断したんだから、ずっと商標登録する必要はない！」と楽観せず、状況の変化に応じて柔軟に判断し、行動すべきです。

編：商標は生き物ですからね。

友：いざ商標登録をしようとしたときに、生来的な識別力を認め難いキャッチフレーズだと、登録に苦労することはあると思います。

　しかし、実態的に商標として認識されているという状況があって、それを立証することができれば、商標登録は可能でしょう。知財部門としての腕の見せどころです。

編：キャッチフレーズの商標登録を検討するに当たっては、① そもそもの使用目的を見極めること。② 商標として使う意図があるなら最初から商標登録性のあるキャッチフレーズを採用すること。③ 後発的に商標として機能するようになったら、遅滞なく商標登録を目指すこと。この3点がポイントですね！

キャッチフレーズ商標出願 検討のポイント

① そもそもの使用目的が「商標」か「説明補助」かを見極めよう！

②「商標」として使用するなら登録できるキャッチフレーズを採用しよう！

③ 後発的に商標として機能し始めたら、遅滞なく商標登録を目指そう！

2．SNS で使用する商標、どこまでクリアランスする？

広告宣伝活動には欠かせない SNS。多くの事業者が、さまざまな SNS プラットフォームを舞台に、新商品・サービスの広告、企業ファンづくり、消費者とのコミュニケーションを行っている。
　一方、商標担当者として気になるのは「どこまで商標調査や出願をすべきか？」という問題。スタンプ、アイコン、ハッシュタグと、SNS ならではの表現形式も多いし、通常の商品や広告とは発想を変えるべきか……？

①「商標っぽいモノ」の商標性を見極めろ

編：個人事業主から大企業に至るまで、SNS は消費者とのコミュニケーションツールや、商品のプロモーションツールとして幅広く利用されています。

友：SNS アカウントは誰でも簡単に作成できますし、一部には法人向けの特別なプロモーションサービスもありますが、基本的には企業や事業の規模の大きさにかかわらず、共通のプラットフォームで平等なプロモーションができるところがメリットです。昔から、事業を始めるときは「まず商標出願、次にドメイン取得」などと言われてきましたが、昨今は「SNS アカウントの取得」も欠かせなくなったといえるでしょう。

編：ただ、SNS を利用すると、やたらと「商標っぽいモノ」を生成する機会が増えるんですよ。アカウント、アイコン、ハッシュタグ、LINE スタンプ……。ああいうのってどこまで商標のことを気にすべきなんでしょうか。

友：これは、その事業者の業態、SNS を利用する目的、商標調査や登録の効果に何を求めるか等によって違います。ひと口に指針を示すことは難しいですが、なんとか整理してみたいと思います。

編：お願いします！

友：企業が運営するSNSアカウントには大きく2種類あります。
　一つは、商品やサービスのプロモーションを主な目的とするもの。これを「商品プロモーション用アカウント」としましょう。
　もう一つは、企業をよく知ってもらう、企業自体のファンを増やすことが目的のアカウントです。これを「企業広報用アカウント」としましょう。

編：商品やサービスとの結び付きが強いか、そうではないか、という違いがありそうです。

友：そうです。「企業広報用アカウント」は、商品などの広告が目的というよりは、企業自体や企業活動の紹介が中心です。社名のもとに、経営者や従業員が、仕事のこだわりや、日常についてつぶやくアカウントもこの類型といえるでしょう。こちらの話からしましょう。

編：企業やそこで働く人の個性、人柄などが表れるので、ウマく運用して人気アカウントになっているものもあります。

友：この類いのアカウントで使用されるアカウント名やアイコンなどの表示は商標であるとしても、何らかの商品や役務についての出所を表示しているわけではないので、「商品又は役務についての商標の使用」にはならないと考えられるのではないでしょうか。
　名刺や社用車に企業のロゴマークを使用することにも通じますが、商品や役務について使用しない以上、商標権侵害を気にする必要性は低いのです。

編：すると、逆に言えば、企業広報用アカウントに他人の商標を使用しても問題はないということ？

友：いや、例えば、他社の公式アカウントであるかのように振る舞う、いわゆる「なりすまし行為」は、詐欺や信用毀損、業務妨害といった別の罪にはなり得ますよ。
　それに、商品等についての使用でないとしても、企業広報用アカウントのアイコンなどは営業表示ではあるため、周知・著名商標を無断使用する場合は、不正競争防止法2条1項1号、2号が規定する不正競争行為になるでしょう。
　そうでない、「たまたまアカウント名に他人の商標が含まれていた」といったケースでは、商標権侵害の問題にはなりにくいと考えます。

編：なるほど。確かに冷静に考えると、仮に商標調査をするとしても、商品や役務について使用するわけで

2．SNSで使用する商標、どこまでクリアランスする？

はない以上、何の商品や役務を対象に商標調査をしたらいいのか分かりませんね。SNS自体を運営しているわけではないので、国際分類第45類（ソーシャルネットワーキングサービスの提供）ではないですし……。

友：そうなんです。社用車の車体に自社商標を印刷するときに、わざわざ第12類（自動車）の商品について商標調査をしないのと同じだと考えていいでしょう。

編：確かにね。あと、これも企業広報（企業のファンづくり）の一環だと思いますが、企業がLINEスタンプやスマホやパソコン用の壁紙画像をプレゼントするときもありますよね。ああいった画像も、商品とはいえないから、商標調査や出願は不要でしょうか？

友：ああ、企業のマスコットキャラクターのイラストとか、LINEスタンプで使えると結構うれしいものです。オンラインゲームやメタバース空間で使える、アバターアイテムや仮想商品もありますよね。

編：そうそう。デジタルデータだから、「商品」という感じはしませんし。商品の広告になっているような壁紙画像などは別として、ただのキャラクター画像だったらやはりクリアランスは不要そうに思いました。

友：う〜ん。「無料でどんどんダウンロードして！」という類いの画像は商品ではないといえますが、有料配信されることや、会員特典として配布されるなど、対価性を伴って提供されることも少なくないですよね。その場合は、そのスタンプや仮想商品自体が「商品」になると考えたほうがいいでしょう。

編：なるほど。確かに第９類に「ダウンロード可能な画像」という指定商品がありますね。LINEスタンプなどはこれに当たるのかな。

友：仮想商品も、第９類に属するコンピュータプログラムや、ダウンロード可能な画像や動画の範疇に位置付けられています。

編：では、配信する画像の図柄について、第９類の商品の商標調査や商標登録をすべきですか？

友：画像の図柄それ自体は、多くの場合、商標というより、商品そのものです。それよりも、LINEスタンプのタイトル名やキャラクター名、仮想商品に付すロゴマークなどを対象にするのがいいでしょう。

② 商品やブランド単位のアカウントの場合

友：特定の商品やサービスのプロモーションが主目的の「商品プロモーション用アカウント」は、「企業広報用アカウント」とは商標についての考え方を変えるべきです。

編：特定の商品ブランドや、サービスを提供する店舗などのSNSアカウントなどですね。

友：こうしたアカウントにおいて用いられる表示は、商品または役務について使用しているといえますし、またその表示が、商品等の出所を表示する役割を果たしていれば「商標としての使用」です。そこで第三者の登録商標を使用すれば、商標権侵害の懸念があるでしょう。商標調査はしたほうがいいと考えます。

編：SNSアカウント上の表示にもいろいろありますが、調査すべき商標とは、具体的にどの部分ですか？

友：SNSの画面構成にもよりますが、アイコンとアカウント名は対象でしょうか。アカウント自体の文字列については、調査の必要性は相対的に低いと思います。ドメインの文字列と似ていて、基本的にはアカウントの特定のために存在するものであって、商品の出所表示等を目的としたものではないからです。ただ、全くのランダムや無意味な文字列ではなく、出所表示機能を果たし得る文字列の場合は、調査しておくに越したことはないかなとは思います（下図）。

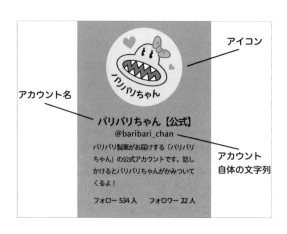

2．SNSで使用する商標、どこまでクリアランスする？

編：アイコン、アカウント名、アカウント自体の文字列……これでもう3つかぁ。面倒クサいと思う人も多いかもしれません。

友：でも、普通は商品等を広告するためのアカウントのアイコンには、その商品のロゴや写真を使うことが多いですし、アカウント名には商品名を使うことが多いのではないですか？　例えば、「バリバリちゃん」というアイスキャンディーだったら、アカウント名は「バリバリちゃん【公式】」のようにするでしょうし、アカウント自体の文字列は「baribari_chan」のようにするでしょう。商品名とほぼ同一の商標を使用するのであれば、実質的には追加の調査は不要な場合が多いと思います。

編：そうか。SNSアイコン等が、商品の広告に付す商標という位置付けである以上、商標調査の対象となる指定商品は、広告する商品でいいわけですね。

　例えば、アイスキャンディーを広告するためのSNSアイコン等の商標調査対象の指定商品は「アイスキャンディー」（第30類）でいい。それなら、商品自体を発売する際に調査や商標登録が済んでいれば、確かにほぼ不要ですね。

友：アカウント名を「バリバリ行こうぜ！　オレたちバリ友！」など、商品名と異なる名称にする場合は、商標調査をお勧めします。まぁ、何の商品のアカウントだか分かりにくくなるとは思いますが……。

③　ハッシュタグの商標クリアランス

編：SNSの投稿でよく見るハッシュタグについてはいかがでしょう？「#」に任意のフレーズをつなげたもので、これをクリックするか、検索すると、同じハッシュタグが使われた他の投稿を見つけることができます。

　例えばSNSで「#trademark」を検索すると、このハッシュタグを使った投稿を収集できるということです。

友：共通の話題に関する投稿の検索を補助する仕組みですが、企業アカウントにおいては、商品のキャッチフレーズやキャンペーン名をハッシュタグ化して、ユーザーに投稿を促し、情報の拡散を狙うことがあります。

例えば、「バリバリちゃん」の公式アカウントが、「#バリバリ行こうぜ！」のハッシュタグを使った投稿をユーザーに呼び掛けて、他のユーザーがこのハッシュタグを検索すると、バリバリちゃんを話題にしている投稿をたくさん目にすることとなり、それによって商品への親近感や購買意欲を喚起しようとしているのです。

そうしたハッシュタグの役割を考えると、商品のキャッチフレーズやキャンペーン名に近いのだと思います。だとすると、一般的な宣伝文句で商標として機能しないものもあれば、商品名そのものが含まれているなど、造語性が高ければ商標として機能することもあるでしょう。後者であれば商標調査をしたほうがいいと思います。

ただ、商標よりも、既にハッシュタグとして他人に使用されていないかどうかの調査を重視すべきじゃないですか？「#バリバリ行こうぜ！」で検索したら昔のヤンキーや氣志團の話題がいっぱい出てくるかもしれません（笑）。

編：商標調査のことだけを気にしていてもダメですね。ところで、SNSで使用する商標の登録要否についてはどうですか？

友：商標登録の効果は、その商標を指定商品・役務について独占的に商標として使用できるようになることですが、そういう効果を期待しているなら登録すべきでしょう。

編：今、ものすごく当たり前の話をしましたよね……。

友：いや、これが大事なんです。なぜならば、広報部門などが「SNSで使うハッシュタグを商標登録したい」と相談してくるときって、「商標登録すれば、SNS上でそのハッシュタグを使うことを独占できる」という効果を期待していることが多いからです。

しかし、それを期待しているのであれば、商標登録はさほど役に立ちません。

例えば、いくら「#バリバリ行こうぜ！」を第30類の指定商品について商標登録したとしても、ヤンキーや氣志團のファンがSNS上でこのハッシュタグを使うことは制限できませんよね。

編：そうだよなぁ……。「そのハッシュタグは我が社の登録商標です！」なんて言って、一般ユーザーの投稿を削除させることは、法的にもできませんし、そんなことをしたら、かえってユーザーからの反発を招きそうですね。

2．SNSで使用する商標、どこまでクリアランスする？

友：だいたい、ハッシュタグって、そのキーワードをみんなに使ってもらって、話題を広めるためのものなんだから、そもそも独占する必要性がないんじゃ……。

編：競合他社が同じハッシュタグを使って、競合商品の広告やキャンペーンを行うことを排除したい場面があるかもしれませんが。

友：そこまでを想定するなら、商標登録を検討する価値はありますが、登録したとしても、SNS上でのそのハッシュタグの使用行為全般を独占できるわけではないということは、現場部門にはよく説明しないといけないと思います。

編：誤解されがちですからね。「本当に独占する必要があるんですか？」ということと、「独占の効果が及ぶ範囲は限定的である」ということの確認は必須です。

友：いくら商標登録しても、事業部門の期待とミスマッチになっては、あまり意味がありませんから。

編：あと、ハッシュタグを使ったキャンペーンって、そんなに長期間やらないですよね？

友：そうなんだよなぁ。10年間も商標登録する必要はないよなぁ。分納の5年でも長過ぎる……。

編：登録査定が下りる頃には、キャンペーン期間が終わっていることも多そうです。

友：個人的には、独占に固執して商標登録したハッシュタグこそ短命に終わり、登録せずに「どんどん使ってね〜」と積極的に広めたハッシュタグのほうが流行し、定着する傾向があるように思います。

　ハッシュタグで使いたいキーワードの性質や、費用対効果をよく考えて判断しましょう！

3. ウェブサイト名は商標登録すべき？

会社で新しくウェブサイトを立ち上げることになった。サイト名を検討しているなかで、ふと思う。「ウェブサイト名も商標登録をしたほうがいいのだろうか？」
　商品名や役務名でなければ不要では？　えっ、でもウェブサイトって役務じゃないの？　どちらにしても念のために登録しておくか？
　さまざまな意見が飛び交って話がまとまらない。いったいどうすればいいのやら……。

① ウェブサイト名は「役務」になる？

編：個人事業者から大企業に至るまで、どのような事業者も何らかのウェブサイトを持っているといっても過言ではありません。

友：そうですよね。公式サイトだけではなくて、公式SNSを何種類も持っていたり、YouTubeなどの動画・音声メディアのチャンネル、自社のファンを増やすためのオウンドメディアもあります。

編：ウェブサイト群雄割拠の時代となるとカブるネーミングも出てくるかもしれないし、商標登録の要否は気になるところです。
　やはり登録しておいたほうがいいのでしょうか？

友：結構、企業によって対応が分かれますね。気にする企業の例として、ウェブサイトの名称はもちろん、その中のコーナー名まで商標登録しているという話も聞きます。
　一方で気にしない企業は、売り物じゃない無料のサイト名までいちいち商標登録しようと思わないことが多いようです。どちらが正解か？　というと、それはそのウェブサイトの性質や目的によって変わります。

編：全て商標登録すべきでもないし、逆に全て商標登録しなくていいわけでもないと。

友：そうですね。

端的には、役務を提供するウェブサイトの名称等であれば商標登録する必要性は高いし、役務との結び付きが弱いほどその必要性は低い。そういえるのではないでしょうか。

編：役務を提供するウェブサイトと、役務を提供しないウェブサイトというのがあるんですか？　そもそも「役務」とは何なのか、真剣に考えたことがなかったです……。

友：商標法でいう「役務」とは、教科書的には「他人のために行う労務又は便益であって、独立して商取引の目的たり得るべきもの」とされています〈『工業所有権法（産業財産権法）逐条解説［第22版］』p.1531〉。「便益」というのは、便利さや利益をもたらすことですね。

編：分かるような分からないような。「他人のために行う労務又は便益」は、まぁ分かります。「独立して商取引の目的たり得る」というのが難しいですね。

友：「独立して」とは、メインの労務等に付随しているに過ぎない労務等は含まないということですね。例えば洋服屋さんでズボンを買うと丈を詰めてくれますが、あれはズボンを買ったからやってくれていること、つまり被服の販売に付随した労務ないし便益に過ぎないわけですね。そういうのは独立していないから、商標法上の「役務」ではないということです。

編：ズボンを買った人に対して「サービス」でやってくれることではあるが、「役務」ではないと……。

友：そういう言い方をするとややこしくなるから！

編：「商取引の目的たり得る」というのは？

友：典型的な商取引とは、役務の提供を受けるに当たって提供者に対価を支払うことですが、ウェブサイトを通して行う役務の場合、広告を載せて運営することで無料で提供されるものもあるし、有料と無料のプランを使い分けたフリーミアム形式のものもあります。

編：無料で人を集めて、裏側や優良顧客からガッポリもうける仕組みですな。

友：言い方にトゲがあるな。まぁ、そういう間接的な収益も含めて、商取引の一環として行われる、ということです。例えば「リクナビ」「ビズリーチ」のような求人情報サイト。こうしたサイトでは、一般的に特定の事業者（リクルート社やビズリーチ社）が求職者（他人）に向けて求人情報を提供し、また、

求人企業（他人）に対して求職者を斡旋しています。求人情報は無料で提供されますが、求人企業側から対価を得ることで運営されているものです。

編：なるほど。確かに、他人のための労務または便益で、独立した商取引の目的で行われていますね。

友：つまりこれらは「役務」を提供するウェブサイトであって、そこで使われている「リクナビ」「ビズリーチ」などは商標登録の必要性が高いというわけです。

特定のウェブサイト名（商標）で役務の提供を繰り返すことによって、役務の需要者から「このサイトを訪れれば、良い求人情報が集まっている」といった信用を得ることができ、その信用はサイト名（商標）に宿るので、他人の使用の排除といった保護の必要性も高いでしょう。

② 役務を提供しないウェブサイトとは？

編：よく分かりました。役務を提供しないウェブサイトというのはどんなものがあるのでしょう？

友：そうですね、求人情報といえば、一般企業の公式サイトにも載っていますよね。

編：あ、それは自社に入社を希望する人向けの求人情報ですね？

友：そうです。特定の企業が求職者に向けて求人情報を提供しているという点では同じですが、自社が人材を採用したいから載せているのであって、他人のための役務としてやってるわけではありません。この場合、例えばトヨタの公式サイトだったとしても、「求人情報

の提供」という役務について「トヨタ」を商標登録する必要はありません。求人情報ページに「集まれ！　トヨタ人！」みたいな独自のネーミングを付けたとしても、やはり商標登録する必要はないでしょう。自社の求人情報を自社サイトに掲載し続けたところで、「求人情報の提供」という役務の主体者としての信頼を得ることはできず、保護の必要性も低いです。

編：自社サイト内に、自社の求人のためのページがあって、そこに付けるネーミングなどの表示が他人の登録商標と同一・類似だった場合はどうですか？　侵害にはならないのでしょうか？

友：役務ではない場面で他人の商標を使用したとしても侵害にはならないのが原則です。また、典型的には登録商標の出所表示機能を害し、出所の混同を引き起こすおそれがあるときに商標権侵害は肯定されます。その表示が「自社の求人のための求人ページを示す表示」に過ぎないとしか認識されなければ、実質的にも他人の登録商標の出所と混同されることはないでしょう。

編：今おっしゃったのは、「他人のため」かそうでないかという観点での「役務性」の検討でしたが、「独立して商取引の目的たり得る」かどうかという観点では、どのように判断すればいいのでしょうか。

友：「独立して」については、やはりメインの役務があって、それに付随しているに過ぎない機能には独立性がないとみていいでしょう。

編：考えてみれば、ウェブサービスにはやろうと思えば付随的な機能をいくらでも付けられます。例えば通販サイトでいえば、ユーザーが商品についてコメントを投稿できる機能や、チャットで販売員に相談できる機能、出品者が動画で広告を掲載できる機能など。

そうした機能も全部権利範囲に網羅しようとすると、出願する区分がどんどん膨れ上がって費用がかさんでしまいます。

友：そうですよね。しかし、それらはあくまで通販があってこその付随機能であって、通販と無関係に掲示板や動画投稿サイトのような使い方をすることは想定していないわけです。であれば、第35類（小売役務）について商標登録すればよく、第38類（電子掲示板による通信）や第41類（インターネットを利用して行う映像の提供）について商標登録する必要性は低いと判断することができるでしょう。

③ コーポレートサイトと商品情報サイト

編：「商取引の目的たり得る」かどうかについてはどうでしょう。

友：ここが一番、境界線が分かりにくいところかもしれません。

　先ほど述べたように、ウェブサービスは広告やフリーミアムといった間接的な商取引形態がしばしば採用され、ストレートな有償サービスのほうがむしろ少ないともいえます。

編：それに、そもそも企業は事業活動と全く無関係のウェブサイトを基本的には作らないと思うので、何らかの意味で商取引性があるといえばそのようにも見えますが……。

友：それはそうですが、ウェブサイトを通して提供するコト（情報など）自体が商取引の対象となっているかどうかがポイントですね。

　例えば企業理念や所在地、IR情報を掲載したウェブサイトであれば、そうした情報を提供することで企業の好感度が上がったり、投資を呼び込む効果があるとしても、情報の提供自体に商取引行為は介在していないことが大半でしょう。

　そうであれば、「役務」ではないと判断できます。

編：なるほど、そう考えるといわゆるコーポレートサイト名は、役務についての使用ではなさそうですね。

友：そうですね。例えば自社のコーポレートサイトに「（株）○○のわくわくコーポレート！」みたいな名前を付けたとしても、商標登録の必要はないでしょう。

編：自社商品の情報を掲載するサイト名はどうでしょう？

友：自社商品に関する情報の提供は、自社商品の販促のためにやることですから、まず「他人のため」ではありません。第35類の「商品の販売に関する情報の提供」の役務に該当するという勘違いがしばしばありますが、これは「他人のために、商品の販売実績や統計分析などに関する情報を提供する役務」を指します。

編：コンサルティングみたいなことですね。

友：ただ、自社商品の販促サイト名は、その商品についての商標の使用となる場合はあるでしょう。

編：ウェブサイトを「商品の広告」と捉えると、商品の広告に商標を付しているという見方もできるか

友：この場合はその商品について、例えば化粧品の自社広告サイトなら第3類の「化粧品」について商標登録を検討すればいいのです。

もっとも、商品の広告サイトにわざわざその商品名とは別の名称を付けるケースは考えにくいかもしれませんが。

④ オウンドメディア名は商標登録すべき？

編：昨今、企業がオウンドメディアやYouTubeチャンネルを開設して、読み物や動画を配信することがあります。これらはどうでしょう。「トヨタイムズ」（トヨタ）、「メルカン」（メルカリ）、「サイボウズ式」（サイボウズ）など、独自のネーミングを採用するサイトも少なくありません。

　新聞社やレコード会社といったメディア企業、あるいはセミナー会社が運営するメディアサイトや動画チャンネルなどは、広告料や購読料などが介在する商取引の一環で配信されるものなので、商標登録が必要な役務なのだろうというのは分かるのですが……。

友：企業のオウンドメディアなどは、本来的には企業に好感を持ってもらったり、企業のことをよく知ってもらったりするための広報活動であって、記事や動画の配信自体については商取引行為が介在していない場合が多いでしょう。

編：コーポレートサイトに近い役割を担っていますよね。

友：なので、本来的には「役務」ではないだろうと考えられます。

　……しかし、その記事や動画の内容がすごく面白くて、それ自体が独立した経済的価値を持つこともあると思うんです。

編：毎日の更新を楽しみにするような読者が増えたりして。

友：そうそう。コンテンツの提供行為自体が主たる取引対象ともいえる状態になってくるわけです。そうなると、メディア企業が運営するニュースサイトや、映像制作会社が運営するアニメ配信チャンネルなどと立ち位置があまり変わらなくなってくるともいえます。

編：コンテンツの人気が高まって、配信行為の経済的価値が高まると、役務性を帯びてくる？

友：少なくとも、配信行為自体についてそのウェブサイト名に信用が宿り、出所（配信元）との結び付き

3. ウェブサイト名は商標登録すべき？

も強いとなると、主観的には保護の必要性があるといえるでしょう。もっとも、商標登録をしたとして、同一・類似名称のウェブサイトを商標権の力で排除することができるかというと、そこは議論がありそうです。

また、第三者の登録商標に類似する名称でオウンドメディアを立ち上げることが商標権侵害になるかというと、必ずしもそうとは限りません（役務性が否定されれば非侵害）。でも、「役務」と同レベルの経済的価値を獲得しているなら、商標登録はあったほうが得だと思います。

編：なるほど。しかし、軽い気持ちで始めたオウンドメディアが、将来そこまでの人気を獲得するか否かの予想は難しそうです。それに、いざ商標出願したときに登録できないとなると困ります。結局、オウンドメディアを立ち上げる前からきちんと商標調査をして、商標登録しておいたほうが無難、ということになりませんか？

友：それが一番安心ではあります。もっとも、費用もかかる話ですし、予算の潤沢な大企業は別として「取りあえず登録しておこう」が難しい場合もあるでしょう。

知財担当者としては、そのサイトの将来像を担当者と一緒にきちんと思い描き、サイトの育成プランを確認した上で、商標登録の要否を判断することが大切です。

4．商標登録してもムダ！？ マネされやすい商標

企業が商標権を取得する理由はいろいろあるが、その中でも最も分かりやすく、また、誰もが意識することといえば、「他人にマネされたくないから」であろう。
ところが、いくらコストをかけて商標権を取得しようとも、そのかいなく、たやすくマネされてしまう商標が存在するといったら信じられるだろうか？ 今回は、そんな「マネされやすい商標」とのウマい付き合い方について考えてみよう。

①「マネされやすい商標」とは？

友：世の中にはいろいろな商標がありますが、その中には「マネされやすい商標」が存在する、という話をしたいと思います。

編：マネされやすい商標？ ピンと来ませんね……。

友：ここで言っているのは、商標登録しているにもかかわらず、マネされてしまう商標のことです。

編：あの、どうもよく分からないのですが……。仮にマネされたとしても、商標登録されているなら、権利行使して、マネを排除すればいいじゃないですか。

友：そこがポイントです。「マネされやすい商標」というのは、マネされたときに、権利行使がしにくいんです。それ故に、マネされやすいというわけです。

編：商標登録をしているにもかかわらず、権利行使がしにくい！？ そんなことがあるんですか？

友：例えば「王様のレストラン」という商標のレストランがあったとします。これを、商標権侵害にならないように上手にマネるとしたらどうしますか？

編：えっ、マネるとしたらですか！？ 自社商標を保護するにはどうすればいいかは考えるけど、他人の商標を上手にマネる方法なんて考えたこともなかったな……。

「オーサマのレストラン」じゃ称呼が同一の類似商標だし、「KING'S RESTAURANT」だと観念が同じですよね……。

友：私ならこうしますね。「王子様のレストラン」。

編：はい？

友：あと「女王様のレストラン」。

編：それ、アリですか？　確かに類似ではないような……。

友：そう、類似商標ではないんです。しかし、権利者にとっての「マネ」とは、必ずしも類似商標とイコールではありません。

　非類似商標であっても、元の商標の印象が引き継がれ、そのことによって需要者に何らかの関係を誤認させるような商標であれば「マネ」です。

編：なるほど。「姉妹店なんじゃないか？」「新シリーズなんじゃないか？」そういう誤認ですね。

友：それが生じるのだとすれば、「王子様のレストラン」は、「王様のレストラン」が築き上げた信用にフリーライドしている状況といえますから、権利者は当然面白くありません。「出所混同を生じる！」「不当利益を得ている！」「原商標の希釈化を招く！」。そう言いたくもなるでしょう。しかし……

編：商標権の権利行使はしにくい、と。

友：そうです。なぜならば、必ずしも類似商標ではないからです。

編：相手方からすれば、「レストラン」部分は役務についての普通名称だから類否判断に影響を及ぼさず、残る「王様の」と「王子様の」を比較すると、称呼も外観も観念も違うと主張してくるでしょうね。

友：そういうこと。だから権利行使がしにくく、対応に苦慮するのです。

編：なるほど。それが「マネされやすい商標」というわけですね。他にはどんなものがあるでしょう？

友：そうですね〜、例えば「トマト婦人」という健康食品があったとします。

編：これもマネされやすいんですか？

友：この場合に考えられるマネの方向性としては、「リンゴ婦人」「バナナ婦人」「セロリ婦人」……。

編：「キューリ婦人」という手もありますねっ！

友：（無視して）権利者側からすれば、勝手に「婦人」をシリーズ化されたような、イヤ〜な気分になりますよ。

編：でも権利行使は難しい？

友：この場合、「『トマト』『リンゴ』部分などは原材料表記であって識別力がないから、『婦人』が同一

なら類似商標だ！」という理屈は一応、考えられますが……。
編：「が」？
友：「トマトフジン」と「リンゴフジン」。全体で6文字と短く、ひとまとまりで読んだ時の語感が良くて、一体感が強いです。あえて「婦人」だけを抜き出して観察するのが適切かどうかは疑問があります。やはり、商標全体で比較すべきでしょう。すると、非類似だという主張に分があると考えます。
編：特に「キューリ婦人」からは、「キュリー夫人」という観念も生じますからね！
友：……。

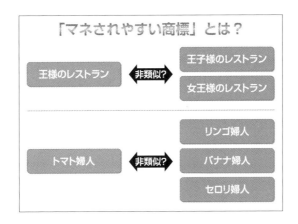

②「マネされやすい商標」の要件

編：だんだん「マネされやすい商標」の傾向が分かってきたような気がします。
友：私が考える「マネされやすい商標」には以下の3つの要件があります。
　① 商標の一部をすげ替える発想がしやすい。
　② すげ替えると、元の商標とは非類似商標になる。
　③ それでも元の商標の印象が引き継がれる。
編：これらの要件を満たす商標には、何か傾向がありますか？
友：一概にはいえませんが、識別力のない（弱い）語と、他の語が一体的に結合していることが多いですね。

編：普通名称、品質、原材料、地名、数字、色、記号などの語が組み込まれている商標ということですね。確かに「王様のレストラン」や「トマト婦人」も当てはまります。

友：そうです。もっとも、結合の仕方や全体の語感にも左右されますが、例えば「オロナミンC」「リポビタンD」などは大丈夫なんです。

編：識別力のないアルファベット一文字（「C」「D」）と、他の語が結合している商標ですが。

友：商標の一部をすげ替える発想はしやすいです。例えば「オロナミンA」とか「リポビタンZ」とか。そして、元の商標の印象も引き継がれます。

編：上記の①と③の要件は満たすということですね。

友：しかし、いくらそこだけすげ替えたとしても、元の商標とは類似商標でしょう。

編：まぁそうでしょうね。

友：つまり②の要件を満たさない。なぜなら、「オロナミン」部分は完全な造語で、「C」部分と比べると明らかに顕著性が高い。

そして、そういうバランス故に、「オロナミン」と「C」の結合性や一体感が弱いからです。したがって、「オロナミン」部分が残っているのであれば、それは類似商標だと主張しやすいわけです。

編：なるほど……。うーん、「マネされやすい商標」かどうかを見極めるのは結構大変そうですね。

友：先に述べた3つの要件に当てはめて、個別に検討するのがいいと思います。それから大切なのは、マネする側の視点に立って、自社商標を客観的に観察するという心掛けですね。

編：マネする側の視点。これ、マトモな権利者には欠けてしまいがちな視点です。

友：泥棒の視点に立ってこそ、効果的な防犯ができるのと同じことです。敵の視点を持つことが、効果的な知財戦略に役立つことは多いんですよ。

③ 併存登録のコワさ

友：ところで、「マネされやすい商標」には、マネされたときに権利行使しにくいだけでなく、もう一つ別のデメリットもあるんですよ。

編：えっ、まだあるんですか？ ……伺いましょう。

友：それは、マネた商標が商標出願されると、元ネタの商標と併存して商標登録を受けられるケースが多いということです。

編：マネの商標が、元ネタの商標と併存して商標登録される……？

友：十分にあり得ますよ。なぜかというと、類似商標ではないからです。

編：あ、そっか。

友：元ネタの商標権者としては、仮に類似商標（4条1項11号該当）とはいえないにしても、4条1項15号（他人の業務に係る商品又は役務と混同を生ずるおそれがある商標）や、4条1項7号（公の秩序又は善良の風俗を害するおそれがある商標）に該当すると主張したくなるでしょう。

　実際、そのような内容で「類似しないが、マネや便乗っぽい商標」に対して積極的に異議申立てを行う権利者もいます。

編：だけど、いささかハードルが高そうですね。

友：そうなんですよね。何かよほど混同を招きそうな別の事情がなく類似性が低ければ「混同のおそれは生じない」という判断がされがちですし、よほど出願の経緯に不適切な目的や事情でもなければ、公序良俗違反も認められにくいですからね……。

編：それに、異議申立てをすること自体、権利者にとっては負担ですよね。証拠を集めなきゃならないし、ウオッチングもしなきゃならないし……。

友：そうなんですよね。まして苦労した揚げ句、結果的に併存登録された日にはタマりませんよ。

編：マネた商標が併存登録されるとやっぱり困りますか？

友：そりゃ困りますよ。特許庁が、類似しないし、混同を生ずるおそれもないと審査した形になりますからね。権利行使には、一層慎重にならざるを得ません。

　それに、併存登録されている事実が公になれば、他の事業者からの「さらなるマネ」も誘発することになるかもしれません。

編：なるほど。J-PlatPatで検索して「王様のレストラン」と「王子様のレストラン」が併存登録されていることが確認できれば……。

友：「じゃあウチは、安心して『女王様のレストラン』を採用しようか！」って発想になっちゃいますよね。

編：マネの連鎖が起きてしまうのか。

「マネされやすい商標」のデメリット

■ マネされたときに権利行使しにくい

■ マネの商標が、元の商標と併存して商標登録を受けやすい

☞ 併存登録されると、さらに権利行使しにくくなる

☞ 併存登録が明るみになると、他業者のさらなるマネを誘発する

④「マネされやすい商標」との向き合い方

編：こうした「マネされやすい商標」と、企業はどのように向き合っていくべきでしょうか。

友：まず、先の3要件に該当しそうな商標の採用に慎重になるべきでしょうね。

編：そもそも採用すべきじゃない？

友：商標担当者は、商標調査業務の過程で、商標採用可否に関わりますから、その時に事業部門の担当者にアドバイスすべきです。
　　「その商標、マネされやすいですよ。マネされたときに対応が難しいですよ」と。

編：通常、商標調査では、その商標が使えるかどうか、せいぜい登録性の有無のアドバイスにとどまることが多いと思いますが……。

友：不十分ですね。「マネされやすい商標」かどうかの判断は、商標の知識がなければできません。これについてアドバイスできるのは知財部門の人間だけなんです。

編：なるほど。「マネされやすい商標」かどうかを見極めるのは、商標担当者の大事な仕事ということですね。

友：そのとおりです。商品開発やマーケティング担当者は、第三者にマネされやすいかどうかという観点で商品名やサービス名を検討することは、あまりありません。ですから、そういう観点でアドバイスをすると、結構ありがたがられますよ。

編：それでも、マーケティング上の理由などで、「マネされやすい商標」

を採用せざるを得ないケースもあると思います。

友：確かに。「マネされやすい商標」は識別力のない、または弱い言葉と結合していることが多いですが、そうした商標には、商品・役務の内容やセールスポイントが分かりやすいという特徴があります。そういうマーケティング上の利点を第一に考えると、採用されやすい傾向はあります。

編：どうすればいいでしょう？

友：時々見受けられるのが、マネされそうな商標を先に自ら登録するという手です。例えば、「王様のレストラン」なら、一緒に「王子様のレストラン」と「女王様のレストラン」も登録してしまえば、憂慮すべきマネのパターンはおおむねカバーできるでしょう。

編：でも、不使用商標であることの問題はありますし、何より余計な費用がかかりますが……？

友：そうですね。しかし、3件の出願で済むならまだマシです。「トマト婦人」のほうは大変ですよ。

編：リンゴ婦人、バナナ婦人、セロリ婦人、パセリ婦人、レモン婦人……、アレ？　これはキリがないぞ。

友：あらゆる「野菜（果物）＋婦人」の商標を出願登録するのは、現実的には不可能です。強いて言えば、その中でも特にマネされそうな商標を選んで出願することですが、これには相当なセンスが求められます。

編：センスかぁ……。それならば、まず出願すべきはアレでしょう。キューリ婦人！！

友：どんだけ気に入ってんだよ！

「マネされやすい商標」との向き合い方

- ■ 「マネされやすい商標」かどうかという観点から検討し、調査を行う
- ■ 「マネされやすい商標」を採用するリスクを事業部門に説く
- ■ それでも「マネされやすい商標」を採用することになったら、マネされるパターンの商標を自ら商標登録してしまう？

5．BtoB企業は商標業務に労力をかけなくてもいい？

BtoBの商品や役務についての商標業務には、どれほど力を入れる必要があるのだろうか？　BtoB企業のなかには、「ウチはBtoCじゃないから、あまり商標やブランドは関係ないんだよね」と達観している人もいれば、「でも、本当にそれでいいんだろうか。BtoBとはいえ、商品名を付けている以上、しっかり商標の仕事もしたほうがいいのでは……」と悶々と悩んでいる人もいる。さて、いったいどちらが正しいのだろう？

① BtoB商標は商標登録しなくていい？

編：初学者向けの知的財産テキストには、よく「商標とは？」という項目があります。そこに実際の登録商標の例が掲載されていることも多いのですが、だいたいお菓子や自動車、コンビニエンスストアなど、BtoC関連の商標ばかりなんですよね。

友：一般読者にとって身近な例を出さないと、読者が「商標ってこういうものなんだ」というイメージを抱けませんからね。
　「商標とは？」の最初の事例が「ダクロン」と「JIRA」だったら、ますますワケが分からなくなりそうです。

編：「ダクロン」はインヴィスタ社が製造するポリエステル繊維の商標、「JIRA」はアトラシアン社が展開する企業用のプロジェクト管理用ソフトウエアの商標ですね。どちらもれっきとした商標で、業界ではよく知られていますが、一般的には分かりにくいだろうなぁ。

友：BtoB商標が広く一般消費者に知られるということは稀ですから、なかなか商標の典型例にはならないでしょう。

編：そこが問題なんですよ！　周知・著名商標は手厚く保護されることからも、商標は知られれば知られるほど価値が高まるといえます。

でも BtoB 商標は事業の性質上、どう頑張っても周知の範囲に限界があります。それが分かっているから、BtoB 事業に関する商標業務にはイマイチやる気が出ない、という知財担当者の方は多いのではないでしょうか！？

友：確かに「BtoB の商標業務にどのくらい労力やコストをかけていいのか分からない」という悩みはしばしば聞かれるところです。

BtoB 事業の商標業務は、片手間でやれば十分、みたいなスタンスの企業もありますしね。

編：やっぱり！ 今日はぶっちゃけて聞きますよ。BtoB 事業で使う商標は、あまり気合を入れて商標登録しなくてもいいんですか？

友：その認識は間違いといえるでしょう。BtoB 事業で使う商標であることを理由に、商標登録の必要性が低いということはありません。

編：えっ、そうなの？ 商標登録の必要性は BtoC と変わらない？

友：変わりません！ それは商標法の目的を考えれば分かります。

② 需要者からの信用を保護する必要性

編：第1章で述べた商標法1条ですね。「商標の使用をする者の業務上の信用の維持」。

友：そうそう。仕事をする上での信用の大切さって、BtoB でも BtoC でも同じじゃないですか。

編：なるほど……。

友：BtoB 商品の商標にだって、商取引において継続的に使用することで、取引相手や顧客からの信用が宿ります。それは一般消費者がBtoC 商品の商標に感じる信頼と何も変わりません。

編：それは確かにそうですね……。

友：それに「BtoB 商標は事業の性質上、一般消費者にまで周知になることはない」とおっしゃいましたが、だからといって、BtoC 商標よりも価値が低いということにはなりません。

商標の価値は、商品の需要者にとっての周知・著名性によって決まります。例えば医療機関にしか販売されない医療機器の商標があって、一般人には知られていなくても、その商品の需要者である医療従事者なら知らない人はいない、という状況だったら、これは立派な周知・著名商標だと思うんです。

編：なるほど、商標の周知・著名性の基準となる母集団は、常に「日本人全員」ではなくて、「その商品の需要者」で考えるんですね。

友：ある意味でBtoB商標のほうが周知・著名性を獲得しやすいともいえます。母集団が小さいんだから。一部のラーメン通しか知らないラーメン店の商標よりも、歯科医師なら全員知っている歯科用イス（歯科ユニット・デンタルユニット）の商標のほうが周知・著名といえるのではないでしょうか。

編：その商標を知っている人の総数でいえばラーメン店のほうが多そうなのに、周知・著名性の程度が逆転するのは面白いですね。

友：そして、商品の需要者に知られ、信用が蓄積された商標には経済的価値が宿ります。経済的価値が宿れば他人も使用を欲しますから、その使用権を自分自身にのみ帰属させるために、商標登録による保護が必要なのです。

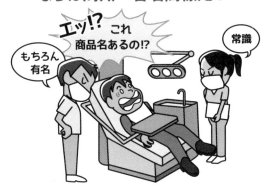

③ BtoB事業における商標自体の必要性

編：よく分かりました。BtoB企業の皆さん、大手を振って商標登録しましょう！　じゃあ結局、BtoB事業もBtoC事業も、商標業務のやり方は変わらないんですね。

友：いや、変わりますよ。

編：！？

友：使用する商標はBtoB事業でもBtoC事業と同じように商標登録すべきですが、商標に関する業務

全体に関しては発想を変えたほうが良い局面があります。

編：といいますと……。

友：まず商標開発の必要性が異なります。BtoC商品は一般の消費者に訴求するものですが、彼らに選んでもらうには「なんとなく好き」という感情を喚起して、「ついつい気にしちゃう、手に取っちゃう」という行動を促さなければなりません。つまり、必ずしも合理的判断によらずに選んでもらえるように仕向ける必要性が高いのです。

編：まぁ、我々も含めて、一般消費者の意思決定ってそういうものですよね。まずはフィーリングを重視して、商品やカタログなどを手に取ります。

友：ですから、作り手も彼らの琴線に触れるように、情緒的価値を重視する必要があるのです。そして、商標はその価値を伝達する役割を担います。

編：なるほど。その商標を見ただけで好きになってもらえたり、気にしてもらえたりするものを採用する必要があるということか。

友：だから商標の採用前に消費者調査を行ったり、広告代理店やクリエーティブプランナーに頼んだりするのです。

メインの商標の他にも、カッコ良いロゴマークやかわいいキャラクター、分かりやすいキャッチコピーやタグラインを添えることも多いです。

編：商標の開発にコストをかける必要があるし、採用する商標の数も多くなりがちだということですね。

友：そうです。対してBtoB商品の場合、顧客は一般人ではなくプロの業界人です。

初見で商品を選択するときには「なんとなく好きな感じだから」といったフィーリングで選ぶわけではなく、性能や価格など、商品自体を見極めます。

相見積もりを取って、会社で決裁を得て購入するなど、意思決定プロセスも複雑です。

編：考えてみればそうですね。プライベートで買う商品とは、選び方が全然違います。

友：そのような商品に用いる商標は、単に自他商品識別機能があればよく、有名なクリエーティブプランナーが熟考した好印象のものである必要はありません。極端に言えば、商標がダサくても、意味が分からなくてもなんでもいい。かっこいいロゴマークやかわいいキャラクターも別に要らない。

なぜならば初見の商標の「印象」で選ぶような商品ではないからです。

情緒的価値を訴求する必要はあまりなく、商標よりも仕様書や価格表などを充実させて、機能的価値の訴求を重視すべきなのです。

編：そうすると、BtoCの商品と比べて商標の開発にコストや労力をかける必要はない、ということですね。

友：ありません。まぁ、BtoB商品でも「印象」が良いに越したことはありませんから、商標に凝る企業もありますが、相対的に必要性が低いことは確かです。

④ BtoB商標は「型番」でいい？

編：そう考えると、やっぱりBtoB事業よりもBtoC事業のほうが「商標は大事」といえそうですが。

友：そうですね。商標担当者が「BtoB事業で商標業務に労力をかける必要がないのでは」と誤解してしまうのはここに要因があるように思います。今述べたように、BtoB商品の場合「初見」で商品を選択するときに商標が果たす役割は大きくない。したがって、商標の開発に労力やコストをかける必要はありません。

しかし、採用した商標に信用が宿れば、その「信用」によって商品が選ばれるようになるのです。

編：「前回導入した業務管理用ソフトウエアが良かったから、次も同じ後継ソフトを選ぼうか」といったことですね。

友：そうです。商品の選択時に、商標に宿った信用が果たす役割は、BtoCでもBtoBでも変わりません。だからBtoB商標の開発にはコストをかける必要はなく、ダサい商標1個でもいいんだけれども、採用した商標に宿る信用を、商標制度の力で保護する必要性は、BtoCでもBtoBでも変わらないのです。

編：採用した以上は、きちんと登録しようということですね。

友：ダサくてもね。ここでよく問題になるのは、商標の開発に労力をかける必要がないことから、いっそ「A-001」「A-002」みたいな型番だけでいいやと考える向きもあることです。

編：あぁ、業務用商品では多い印象があります。

友：「初見」のことだけを考えれば型番だけでもいいでしょう。

　ところが、そこに使用による信用が宿った場合、型番のような単純な記号からなる商標は基本的に商標登録ができませんから、保護が難しくなります。これは頭に入れておくべきです。

　もちろん、同じ商品のスペック違いなどのバリエーションを区別するシーンで型番を採用することは妥当です。

　しかし、おおもとの商品名やブランド名は、ダサくてもいいから登録性のある商標を採用すべきでしょうね。「○○○ A-001」「○○○ A-002」といったように。

編：手間を省き過ぎてもいけないということか。それにしても、さっきから「ダサい、ダサい」というのがひと言多い気はしますが……（笑）。

⑤ BtoB商標の商標調査は「甘め」でいい？

友：商標調査業務への向き合い方も、BtoBとBtoCとで異なります。
編：おお、商標調査は商標担当者の主要業務の一つですよ。もしかしたら調査はする必要がない？
友：いや、調査自体は必要です。ただし、類似商標を発見した際のリスク評価の仕方を変える必要があります。商標権侵害とは、端的に言えば需要者において出所の混同をもたらすおそれがある状態のことをいいます。

　そして、基準となる需要者の属性が異なれば、同じ類似度でもその需要者が混同する可能性は異なります。そのことは類似性の評価の仕方にも影響を与えるのです。

編：よく分かりませんが……。
友：例えば「ALPHA」と「APULA」という商標があって、類似性の評価をするとします。これがスーパーで売られている低価格帯のチョコレートの商標であれば、需要者たる一般消費者はろくにパッケージも見ずにカゴに放り込むかもしれません。

　対して、2億円の業務基盤システムソフトウエアの商標であれば、需要者たる企業のIT部門は、上司や関連部署と確認しながら、慎重に吟味して意思決定をするでしょう。

編：なるほど。前者の場合、パッと見で似ていれば間違って買われた

り、関連商品と誤解される可能性がありますが、逆に後者の場合は、多少商標が似ているくらいでは間違えようがないといえそうです。

友：だからBtoB商品の場合、特に侵害リスクの評価において、BtoC商品よりも類否の評価は甘めでいいというより、「プロの業界人が慎重に観察する」という前提の評価が正しいのです。

編：審査においては、指定商品表示上、BtoB商品かBtoC商品かの区別ができない場合もありますが、区別できる場合（例えば「業務用○○」や「建築用○○」）には、出願人は、需要者の注意力が高いことを強調すべきですね。

友：そのとおりです。まぁ、BtoB商品のなかでも、数億円の業務用ソフトウエアと、業務用スーパーで売られているレストラン向けの調味料ではまた違うでしょうが、「フィーリングでなんとなく選ぶ」ということは、BtoC商品と比べると起きにくいでしょう。

編：お話を聞いていると、BtoB事業における商標業務、とりわけ知財担当者の業務は、BtoC事業と比べて労力をかける必要がないことは全くなく、むしろBtoCの商標業務とは発想を変えて、アプローチも工夫しないといけないことが分かりました。

友：BtoCと比べて、BtoBの商標業務がラクということは決してありません。BtoBの企業で商標担当をしている方、胸を張ってお仕事に誇りを持ちましょう！

同じ商標でも商品の需要者によって
混同の可能性は異なる

6. 商標権は著作権の代わりになり得るか？

一つの保護対象について、商標、意匠、特許とさまざまな知的財産権を組み合わせて権利化する取り組みは、しばしば「知財権ミックス」と呼ばれている。これにより、多面的かつ盤石な権利保護を実現しようという試みである。

そのなかでも、キャラクター図形を商標権と著作権で保護するアプローチについて考えてみたい。果たして、そんなことが本当に可能なのだろうか……？

① キャラクターを商標登録するメリットはある？

友：よくキャラクターのイラストや立体図形が商標登録されていることがあります。

編：ご当地キャラの勢いも衰えませんし、企業や商品のマスコット、アニメや漫画などのキャラクターのイラストなどもしばしば登録されていますね。

友：なぜ、わざわざ商標登録していると思いますか？　お金をかけて商標登録しなくても、著作権が既に発生しているじゃないですか。

編：考えたこともなかったです。

友：商標権の効力って、著作権と比べるとずいぶん狭いんです。商標権は「登録商標の指定商品・役務と同一・類似の商品・役務について、商標として使用される範囲」に対してしか権利が及びません。

一方、著作権は、原則として複製行為全般に権利が及びますから、著作権があれば十分じゃないか、と考えることはできます。実際、商標登録されていないキャラクター図形も世の中にはたくさんありますしね。

編：それでも、商標登録が活用されているということは、何か著作権にはないメリットがあるのでは？

友：幾つかあります。まず、商標権は著作権と違って、自分が権利者であるという立証が簡単です。

編：あぁ、商標権は登録権利ですからね。設定登録されている権利者が、当然、正当な商標権者ということになります。

友：一方、自分が著作権者だと立証することは意外と難しいのです。著作物の公衆への提供等の際に「著作者」として表示された者を、著作者と推定する規定（著作権法14条）はあります。

　でも、ご当地キャラや企業マスコットって、あまり作者名を表示しないですよね。

編：見たことないですね。漫画のキャラクターなら、出版物に作者名が書いてあるだろうけど……。

友：著作者の推定ができない場合、いざ無断使用のトラブルが起きたときに、創作経緯や契約経緯などから自分が著作者、著作権者だということを証明しないといけません。これは結構面倒です。

編：商標権が使えるなら、権利者であることの証明は一発だと。これは確かにメリットですね。

友：それに、企業や商品マスコット、あるいは自治体のキャラクターなどは、創作を社外のデザイナーに委託するケースが多いと思います。その際、著作権の帰属が曖昧になっているという状況もいまだに見受けられます。

　いざ著作権を行使しようとしても、「さて、よくよく考えてみると本当にウチが著作権者なのか？それを証明できるのか？」という課題でつまずいて、著作権を行使できないこともあるんです。そういうときは、商標権があると救われるでしょう。

編：契約によって、著作権の帰属をきちんと定めておくことが本来は必要ですけどね！

② 著作権と商標権の権利範囲の違い

友：あと、著作権と商標権は、保護対象は同じイラストでも、法目的が異なることから、権利の効力範囲が異なる点も見逃せません。

編：どういうことでしょう？

友：著作権は「作者の個性が表れた表現自体を保護する権利」です。

　そのため、作者の個性が表れていないような、ありふれた表現や、表現ではないアイデア部分が類似していたとしても、著作権侵害にはなりません。

編：ありふれた表現やアイデアは著作権で保護されないんですよね。

友：対して、商標権は「その商標の出所を混同されることから保護するための権利」です。ありふれた表現部分が似ているに過ぎず、著作権侵害にはならない場合でも、その類似性によって混同するおそれがあれば、商標権侵害になるでしょう。

編：なるほど。著作権と商標権では、類似性を評価するときの観点が違うから、著作権侵害でなくても商標権侵害になることもあるんですね。それに、考えてみれば、著作権で保護されないような単純なマークでも、識別力さえあれば商標登録できますものね。

友：そう。さらに言えば、著作権で保護することがほぼ不可能な「キャラクター名」「作品名」といった文字列でも、商標登録は可能です。

編：確かにそうだ！　たいていの文字商標は著作権では守れないぞ。なんだか、著作権よりも商標権のほうが強いように思えてきました。

友：見る角度によってはそうですね。でも、前述したように、商標権は商品・役務について商標として使用されたときにしか、権利行使ができません。

例えば「キャラクターのイラストを、ネットに無断アップロードされた！」という場面では、商標権の出番はありません。

編：しかし、キャラクター商品などは商標権で保護できるのでは？

友：その可能性はあります。でも、キャラクター商品に使用されるキャラクターの図柄やキャラクター名が、商標としての使用に該当するかどうかは、議論があります。

　Tシャツや文房具などの商品に描かれたキャラクターの図柄やキャラクター名が、単にイラスト、装飾、内容説明と認識されるにとどまる場合は、商品の出所表示とはいえませんから、商標権侵害は否定されるでしょう。

　一方、例えば商標権者自身がそのキャラクターを現に商標として（商品の出所表示たるマスコットやマークとして）使用している場合、一見装飾的な使用態様でも商標としての機能を発揮していることも多いです。そうであれば、商標権侵害は肯定されるでしょう。

編：一見同じようなキャラクター商品でも、そのキャラクターの性質によって、装飾として捉えられる場合と、商標として捉えられる場合があると。

それによって、商標権で保護されるかどうか差が出るということですか。

友：そのとおりです。「ポパイ」や「ドラえもん」のような漫画キャラクターと、もともと特定の商品と強く紐付いている、例えばラルフ・ローレンの「ポロベア」や、ア・ベイシング・エイプの「ベイビーマイロ」とでは、たとえ同じように商標登録され、同じようにTシャツに使われたとしても、扱いは異なるとみるべきです。

編：そう考えると、キャラクターを商標登録すべきかどうかは、一義的には、そのキャラクターを商標として使うことを想定するかどうかで判断すべきなのでしょうね。

商標権を保有していても権利が及ばない場合もある？

③ 著作権が切れたら商標登録だ！？

友：もう一つ、著作権と比べて商標権のほうが格段に有利に見える観点があります。

編：おお、それは！？

友：権利の存続期間です。

編：……なるほど。著作権は、原則著作者の死後70年という保護期間が決まっていますが、商標権は、更新さえすれば半永久的に維持できますからね。いや、でもちょっと待ってくださいよ。そうはいっても著作権の保護期間も相当長いですから、そのメリットはあまり目立たないような……。

友：まぁ、今から新しいキャラクターをつくって、商標登録するか否か

を考えている人には、あまり検討すべきメリットではないかもしれませんが、案外他人事ではないんですよ。著作権の保護期間は確かに長く、現行法では著作者の死後70年、法人その他団体名義の著作物の著作権は公表後70年です。でも、キャラクタービジネスが成立してからもう50年、60年です。あと10年、20年もすれば、人気キャラクターの著作権は順次切れていきますよ。

編：言われてみれば、そうですよね。ミッキーマウスの初期のデザインも、著作者名義を誰と解釈するかで諸説あるものの、既に日本では著作権が切れているという説があります。

友：そうすると、キャラクターの権利を持つ企業はもちろん、キャラクター商品を企画開発する多くの企業にとっても、そのキャラクターの著作権が切れているのかどうか。切れていたとして、商標権があるかどうか。商標権があったとして、その使用行為に商標権が及ぶのか（商標権侵害になるか）どうかは関心事項です。

編：著作権が商標権の代わりになるかどうかは、著作権が切れたときに一番議論を呼ぶのでしょうね。そして、そうした議論は、遠からず活性化するだろうと。

友：実は、著作権者の中には、著作権の消滅を見越して商標登録を強化していると思しき動きも見られます。例えば絵本の『ピーター・ラビット』。作者のビアトリクス・ポターは1943年に亡くなっており、既に主要国で著作権が切れています。ところが、2010年前後から、絵本に描かれているかなり多数の図柄を、原著の出版社である英国のフレデリック・ウォーン社が、日本を含む主要国で商標登録しているのです。これだけ多くの図柄をそれぞれ商標として使用するとは考えにくく、著作権の延命措置としての活用を期待しているのではないかと思われます。

編：ピーター・ラビットは、キャラクターとしてはまだまだ人気ですからね……。

友：ディズニーのグループ企業で、『スパイダーマン』などの権利元として知られるマーベルも、2016年頃に多数のキャラクター図柄を各国で商標登録しています。

編：ドクター・オクトパス、プロフェッサーXなどのマイナーな脇役も網羅していますね。区分も多いし、コストがかかっただろうなぁ。

④ 著作権と商標権は使い分けが大切

友：我が国の著作権者も負けてません。1947年、当時日本の著作権保護期間は著作者の死後30年間で、1916年に亡くなった夏目漱石の著作権がこの年に消滅しました。そのタイミングで、漱石の息子が、漱石の小説の題号や『夏目漱石全集』などの名称を、実に66件も商標出願しています。

当時、商標出願を主導した夏目伸六は、「オヤジの著作権も今年一月から失くなるので、私が"商標権をとっていたら幾らか生活の足しになるだろう"と出した訳で、著作権（使用料）の代りにこれから商標権（使用料）を出版社からもらうわけです」と、その動機を赤裸々に語っています（1947年8月23日付『朝日新聞』。カッコ内は引用者の補足）。

編：堂々と、著作権の代わりに商標権で独占を続けますという宣言を！

友：しかし、この行動は世間からかなりのバッシングを受けることになりました。結局、これらの商標出願は異議申立てにより取り消されています。

編：う〜む。そう聞くと、著作権の延命措置として商標権を活用するアプローチは、まず世間からの理解が得られにくそうです。しかし、実際に商標権が成立していた場合には、法的にどうなんでしょう？

友：ハッキリ言って、商標権は著作権を代替しないでしょうね。

編：そんなにキッパリと否定したら、フレデリック・ウォーンやマーベルの立場が……。

友：考えてもみてください。もし商標権が著作権の代替権利として機能するのであれば、大変なことです。絵画、音楽、小説の一節、映画の一場面、「全部商標登録してしまえ」という話になってしまいます。

編：確かに。音や動きの商標も登録できちゃいますからね。

友：しかし、実際には商標登録はできたとしても、権利行使の場面では、著作権の代わりにはなりません。なぜならば、最初の話に戻りますが、商標権の効力は著作権と比べると格段に狭いからです。著作権の切れた作品を出版したり、映像化したり、展示したりすることについて、商標権は関係ありません。また、これも述べたとおり、キャラクター商品においても、商標ではなく著作物の表示という認識に

とどまるキャラクターの図柄や名称の使用は、商標権侵害にはならないでしょう。

編：う〜む、それが現実か。でも、商標登録しておけば、牽制効果くらいは期待できるのでは？

友：確かに、牽制効果は案外バカにできません。しかし、アプローチを間違えると、夏目伸六のように業界で反感を買いますから……。

編：かなり慎重な運用が求められますね。抜きにくい刀というか……。

友：ねぇ。しかも、商標権は著作権と違って、一定期間使用しなければ不使用を理由に取り消されてしまいます。キャラクターの数だけ、大量に商標登録していても、不使用状態が続けば権利行使どころか権利の維持もままなりません。

編：はかない運命ですね……。

不使用ならば著名キャラクターでも商標権は取り消される

指定役務　（いずれも）
[第41類] 映画の制作・上映・配給・レンタル、アミューズメントパーク・テーマパークのサービス他
不使用取消審判によって2016年に取り消されたディズニー社のEU商標
左：商標005212782号公報、右：商標005212725号公報より

友：残念ながら、もともと商標としての使用を想定しない漫画や映画などのキャラクター図形やその名称、作品名などを商標権で保護するには限界があります。

　一方、最初から商標としての使用を前提としている商品や店舗などのキャラクター図形、名称、あるいはCMソング／ジングルなどは、無断使用場面でも商標としての機能が害される（出所の混同がもたらされる）シチュエーションが多いと思います。こういうものは、図形だろうと音声だろうと、積極的に商標権としての権利化を目指すべきだと思います。

編：一口にキャラクターといっても、その役割や性質をしっかりと捉えて、著作権と商標権を上手に使い分ける発想が大切ですね。

7. 商標担当者は商標考案にどのように関与すべきか？

「あぁ、これは絶対、何かしらの先行登録商標に抵触するだろうな……」。そんな勘が、調査に取り掛からないうちから働くことが商標担当者にはよくある。何度も調査をやり直していると、「いっそのこと、最初から私が商標を考案したほうが早いんじゃないか！？」と思うこともしばしば。商標調査を通してこれだけ他人の商標を見ているんだから、私のネーミングセンスだってなかなかのものでは……？これって、思い上がりですかね？

① 商標調査の負のスパイラル

友：事業部門が考えてきた商標について、商標調査をするのは知財部門の基本業務の一つですが、本命に続き代替案を何回調査しても、類似する他人の先行商標が見つかってしまうことがあります。

編：語感や意味が良好な商標は、他人も使いたがるでしょうから、先に商標登録されてることも多いと。

友：それでもたいていは、一回ダメでも事業部からの代替案を再調査すればOKというパターンが多いんですが、負のスパイラルにハマってしまったように、何度も何度もダメを出さないといけない局面があるんですよね。

編：なぜそんなことが起きてしまうのでしょうか。

友：何か見えざる力が働いているのか……などと言わずに理由を考えてみましょう。

我々知財部は、調査業務を通して、ある程度「他人の登録商標に抵触しそうな商標」を嗅ぎ取る「勘」を養っていますが、事業部門はそうではありません。その勘のなさが、繰り返し「他人の登録商標に抵触しそうな商標」を考案してしまうことにつながっているのかもしれません。

編：「他人の登録商標に抵触しそうな商標」というと？

友：例えば指定商品の業界においてよく使われるキャッチーなキーワードを使った商標や、品質暗示的な商標、短くてシンプルな商標、既成語……などでしょうか。
　こういう商標案の調査依頼は、受け取った瞬間に「あぁ、また使用不可の回答をすることになるかも」と思ってしまうんですよ。
編：それはやるせないですね。
友：案の定、調査をして使用不可の判断をすることになると、もういっそのこと、自分で商標を考えて、事業部門に提案してあげたくなるんですよね。
編：知財部員としての勘を踏まえて考案された商標なら、新たな調査をする手間は省けそうです。
友：実際、提案したこともあるんですよ。「『〇〇〇〇』という商標はどうですか？　これなら使えますよ」とか。
編：それは、現場は助かったんじゃないですか。

友：ところが、採用されたことは一回もありません（笑）。
編：えっ！？　なぜでしょう？
友：こっちが聞きたいよ！　善かれと思って提案してるのに……などと腐らずに理由を考えてみましょう。一つには、商標決定のプロセスは、知財担当者が思っているほど単純ではないということです。
編：他部署の人間がホイホイ提案した商標の採用が許されるようなものではないと？
友：別にホイホイ提案しているわけではないんですが……まぁそういうことです。
　企業環境にもよりますが、1つの商標を考えるにも、部署で会議をしたり、上司の了解を得る必要があったり、消費者モニター調査をしたり、広告代理店にお金を払って外注したりというプロセスを経ないと決められないことがあります。

②「餅は餅屋」でも提案は恐れないで

編：そんな手間が……。商品企画の担当者が自分で考えて決めているんだと思っていました。
友：もちろんそういう企業もあるで

しょう。しかし、それでも基本的に彼らは自分で商標を考えたいものなんですよ。自分なりのこだわりの思考プロセスがあるのです。

編：なかには、社長が全ての商標を考えるなんていう企業もありそうですね。

友：あります。でも社長に、知財担当者が「こういう商標がいいですよ」なんて言っても、なかなか採用されないんだよなぁ。「いや、俺が考えた商標が一番だ！」って返されてしまう（笑）。社長や現場の開発者からすれば、知財部員がマーケティングのことも分からずに、「他人の商標権に抵触しない」という条件のみで提案しているように見えてしまうんです。

編：うーん、気持ちは分かります。逆に開発者が「これって特許になりますよね。商標登録できますよね」と提案してきても、知財部からすると「センスがズレてるなぁ」と思うことはあるでしょうし。

友：そのとおり。結局「餅は餅屋」で、現場の専門領域である商標考案は、現場に任せるのが一番いいのです。知財部は、自身の専門領域である商標調査を確実に遂行することが第一です。

編：そうすると、知財部が商標を考案して事業部門に提案するのは控えたほうがいいということですね？

友：いや、それも違うんです。

編：え？　「餅は餅屋」なら、相手の専門領域に干渉しないほうがいいということではないんですか？

友：過干渉はよくありませんが、知財部の視点で商標のアイデアを提案することには意義があります。

　たとえ採用されなくとも、何らかのインスピレーションは与えることができますし、それは現場の助けになるからです。

編：でも採用されないなら意味ないんじゃ……。

友：あのね、知財部が商標を提案して、採用されることを期待するほうがいけないんですよ。多少大げさに言えば、そんな期待は開発現場へのリスペクトに欠けます。

　一方、現場としては、アイデア自体は常に欲していますから、彼らにインスピレーションやヒントを与えるような提案ができれば歓迎されます。

　先ほど、私は商標案を提案しても採用されたことは一回もないと言いましたが、かといって提案して煙たがられたことも一回もないですよ！　感謝されることも多いです。

編：自分がそう思っているだけなんじゃ……。

友：あー、そういうことを言う！？　ホントですって。

だから提案することを遠慮する必要はないし、提案が採用されなくても腐ってはいけないんです。
　「餅は餅屋」と尊重しつつ、「その餅に、たまには韓国のりを巻いてみるのもいいんじゃないですか？」と、門外漢が刺激を与えてもいいじゃないですか。

編：そのたとえはよく分かりませんが、言わんとすることは伝わりました。でも、採用はされなくても、せめて感謝される確率を高めたいですね。

友：それについては、商標担当者としての専門性を活用することによって、高めることが可能です。そして商標担当者の専門性とは何かというと、それはやはり「他人の商標権侵害を回避するセンスやテクニック」なんです。

編：なるほど。そのセンスやテクニックは、事業部門の担当者にはあまりないでしょうね。

友：そこをフォローするのが我々の腕の見せどころです。最終的に誰のどんな案を採用するにしても、商標権侵害は回避しなければなりません。単に現場からあがってきた案について商標調査をして、使用可否を伝えるだけでなく、侵害回避のセンスやテクニックを現場に伝授することは、知財部としての責務といっても過言ではないと考えます。

③ 知財部視点の提案で感謝を狙え！

編：では、具体的にどのような提案をすれば、現場からの感謝率を高めることができるのでしょうか。

友：まず、基本的には事業部門の考案した商標を生かした修正提案がいいでしょう。事業部門のセンスを信じ、これを踏まえた上で、知財部門のセンスやテクニックによってアレンジを加えて権利侵害を回避できれば、事業部門としては助かります。

編：自分の案がベースになっていれば、事業部門としても受け入れやすいでしょうね。

友：もし、事業部門の当初案を踏まえずに、当初案とは全く脈絡のない新たな案を提示してしまうと、まぁ迷惑がられることはないにしても、事業部門の心にあまり響かないということはあるでしょうね。

編：事業部門の案を生かした代替案の検討が重要ということですね。

7．商標担当者は商標考案にどのように関与すべきか？

でも、それをどうやって考えればいいのでしょうか？

友：よく使うのは、元の商標案の前後に別の語を付け足すことで、先行商標との差別化を図る方法です。例えば、事業部門の案が「ロケット」で、先行する同一の登録商標があったとしたら、どういう言葉を付け足せば回避できるでしょうか？

編：う〜ん、「ロケットパンチ」にするとか？

友：そう、そんな感じ！「ロケットパンチ」と「ロケット」なら非類似商標でしょうね。でも、当初案と、想起されるイメージがそれほど変わらない修正案のほうがベターです。「ロケット」と「ロケットパンチ」では、思い浮かぶイメージが結構違うでしょう？

編：「ロケット」は宇宙に行く乗り物、「ロケットパンチ」はロボットが飛ばすパンチのイメージですね。

友：「ロケット」という商標によって商品に宿そうとしたイメージが、「（ロケットのように）勢いがある」だとしたら、それは修正案にも宿してあげないと、現場の欲する案とはズレが生じてしまいます。

編：なんでもかんでもくっつければいいワケではないと……。

友：当初案のイメージを維持させるなら、「ロケットスタート」「ロケットゴー」「ロケットショット」などの修正案が考えられます。

編：確かに「ロケット」とは非類似だし、イメージも近い。

友：また、2語以上からなる商標の場合は、前後にもう一つ別の語を付け足すよりも、2語の間に別の語

105

を挿入することで、先行商標から
より遠ざけることも可能です。
編：では例えば、先行商標「ロケット
ダッシュ」に何か別の語を加えて、
非類似商標にするとしたら？
友：「ロケットスーパーダッシュ」「ロ
ケットスタートダッシュ」などで
すね。
編：非類似っぽい……！　これが
「スーパーロケットダッシュ」だっ
たら、「スーパー」が一般的な誇
張表現であるとして、なお「ロケッ
トダッシュ」と類似すると判断さ
れる可能性がありますが、間に挟
むことによって、非類似商標とし
て成立しそうです。
友：お勧めの回避方法です。
編：しかし、単語を付け足す方法です
と、どうしても当初案よりも冗長
になってしまいますね。
友：確かに、そこはネックです。商標
が冗長になってしまうことを嫌気
する事業部の担当者は多いです
ね。もともとのネーミングコンセ
プトが「シンプルで覚えやすい」
とか、商標を載せるパッケージ等
のスペースに制約があるといった
事情もあるでしょうから、「せい
ぜい4～5文字くらいが絶対条
件」になっていることは珍しくあ
りません。

編：そうすると、単語を付け足した代
替案は感謝されにくいことも？
友：その場合は、当初の商標案に込め
たイメージを維持する、似たよう
な意味やニュアンスの別の語を提
案します。例えば「ロケット」の
代替商標として、そこに込めた「勢
いがある」というイメージを維持
する別の商標を考えるとしたら、
「ジェット」「ミサイル」「ダッシュ」
などが思い浮かびます。
編：文字数ピッタリで、商標から感じ
られるイメージも確かに当初案か
ら遠くないです。しかし、よくそ
んなに代替案がポンポン出ますね。
友：事業部門のヒントになる代替案を
出すためには、事業部門が商標案
に込めたイメージやコンセプトを
把握することが欠かせません。商
標調査をする際には、できる限り
商品企画書を読んだり、商品コン
セプトをヒアリングすべきです。
それは、一つには商品の内容や、
市場での位置付けをしっかり把握
しないと、調査範囲（調査対象の
区分）の特定や、先行商標との関
係におけるリスク評価を正確にで
きないからという理由もあります
が、商品コンセプトに沿った代替
案を提示できるようにするためで
もあるのです。

編：調査依頼を受けた商標を単に文字列として促えて類似商標の有無を調べるだけではダメなんですね。

友：はい。単なる文字列ではなく、そこに込められた想いや狙い、背景をどこまで事業部門と共有できるかで、代替案のアドバイスに対する事業部門のリアクションも変わります。「ロケット」の代替案で「ロボット」とか「クロケット」とか、先行商標とは非類似ではあるものの、イメージが全然違う代替案を出すと、事業部門からすればトンチンカンでありがたみのない提案になってしまいます。事業部門の戦略に、できる限り寄り添って考えることが大切です。

編：しかし、そこまで寄り添っても、知財部門の案がめったに採用されないというのは、悲しいですね。

友：一生懸命寄り添っているのに、陰で「『ミサイル』はセンスねぇよなぁ」とか言われちゃう。でも、やっぱりそれでいいんですよ。

　商標権侵害を回避するための代替案の発想方法を伝授して、その例として具体案を幾つか提示すれば、それを踏まえて現場が良い商標を考えてくれます。しかも、その商標は権利侵害を回避している可能性が高まっているハズです。これこそ、事業部門と知財部門が二人三脚で考案した商標です。

編：これぞチームワーク……！ 事業に資する知財……！

友：とはいえ、いつかは自分が考えた商標が採用されるという夢も捨ててはいませんよ！

編：貪欲さも忘れない……！！

Column 2　商標自体の誤記に気を付けろ！

　商標出願の願書に記載する商標自体を間違える――これほどおっちょこちょいな話はありません。「さすがにそんなミスはしないでしょ！」と多くの読者は思うでしょうが、油断は禁物です。

　例えば、最終決定したデザインデータと取り違えて、没デザインのほうを出願してしまうことは起こり得ます。複数の商標案について、何度も商標調査をやり直していると、どれが最新版だか分からなくなるんですよね。デスクトップには、「最終ロゴ.jpg」「最終ロゴ（2）.jpg」「0628最終ロゴ【決定】.jpg」「0629最新ロゴ.jpg」と名付けられた画像データが散乱していて、もう、何がなんだか……。

　ちなみに私は、昔、自社のハウスマークを出願するときに、某外国で没デザインのほうを出願してしまい、しかも登録になるまで気付かなったことがあります。出願から１年以上たって登録証を受領したときに、「アレ？　これ……違う！？」と分かったときの衝撃たるやもう……。シレッと再出願しましたけどね。

　文字商標の場合、願書に商標を転載するときのミスに細心の注意を払いましょう。もっとも、中には「間違えてもしょうがないだろう！」と開き直るしかない特殊表記もあります。

　ロックバンドＸ JAPAN のボーカリスト・Toshl（トシ）の表記の語尾の「l」は、実は大文字の「I」（アイ）ではなく、小文字の「l」（エル）なのだそうです。ところが、同氏をＣＭキャラクターに起用した江崎グリコが、キャラクター名の「プッチンプリンス Toshl」（エル）を、誤って「プッチンプリンス ToshI」（アイ）の表記で出願したことがありました（商願2019-36298）。でもこれは、さすがに関係者やファンじゃないと気付かないよねぇと思っていたら、すぐ正しいスペルで出願し直していました（商願2019-48219）。律儀だ。

　ちなみに、商標法４条１項８号により、他人の著名な芸名を含む商標は、その他人の承諾なしには登録できませんが、「ToshI」（アイ）のほうはちゃんと拒絶を受けずに登録査定となり、「Toshl」（エル）のほうは同号の拒絶理由通知を受けていました（最終的に Toshl 氏の承諾書提出により登録査定となっています）。審査官はＸ JAPAN のファンだったのかも。

第3章
商標トラブル、交渉術を語ろう！

　知財業務というと、デスクワークで、他人としゃべらない日すら珍しくない、というイメージがあるかもしれない。だが実は、企業の商標担当者には、コミュニケーション能力が欠かせない。ライセンス、コラボレーション、トラブル……商標にまつわる不測の事態が起これば、社内で立ち回って必要な意思決定を導き出し、社外に飛び出して解決を引き出す手腕が必要なのだ。駆け引き、ハッタリ、そして最後にはやっぱり誠実さがモノをいう！？

1. 他人の商標を使いたい！ どう交渉する！？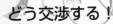

せっかく使おうと思って考案した新商品のための商標が、調査の結果、第三者の登録商標と同一だったため、使えないことが判明した。企業ではよくある話だ。
諦めるか、不使用取消審判か……と考えるのが常套手段だが、さまざまな事情から、ライセンスや譲渡を求めて、商標権者との交渉を試みなければならないこともあるだろう。でも、交渉事って面倒クサいし、なんだか怖そうだなぁ……。

① 商標調査の報告に「どうしてもダメ？」

編：企業の方は、新商品や新サービスの名称が考え出されるたびに、商標調査をしますよね？

友：そうですね。どこの企業でも主要なルーティンワークの一つだと思いますよ。

編：その商標調査の結果、第三者が同一または類似の商標を既に登録していることが判明したら、いったいどうするんですか？

友：「どうするんですか？」……って、そりゃあその商標を使用するわけにはいかないですからね。使用を諦めるのがフツーでしょう。

編：なるほど。正確に言うと、知財部門の方が、事業部門の担当者に使用を諦めさせるわけですよね。
「調査の結果、その商標は使えませんよ」と。

友：まぁ、そうですね。

編：事業部門の担当者は、ガッカリしませんか？

友：そりゃあもちろん、程度の差はあれど、誰だってガッカリしますよ！ ネーミングを考えるのだって、みんなで長時間ブレーン・ストーミングや会議をして、アイデアを出し合ったり、時にはモニター調査なんかもやったり、苦労していますからね。

編：それをまた最初からやり直さないといけないわけだ。

友：そうですよ。これがまた、なぜか真剣に考えれば考えるほど、何度やっても調査を通過しなかったりするんですよね……。

編：負のスパイラルに陥ると……。

友：特に、シンプルで語感の良い商標は、結構、どれも誰かに登録されてしまっていますからねぇ。

編：自信のあるネーミングだと、なかなか諦め切れない方も、なかにはいるんじゃないですか？

友：います。「どうしてもダメですか？」「なんとかなりませんか？」と食い下がる人が……。

編：そういうリアクションをされる方について、知財部員としてはどう思います？

友：これは、意見が分かれるところなんですよ。「面倒クセェなぁ」って思う人もいますね。

編：ダメっつってんだろがっ！　と？

友：そんな言い方しないと思いますが（笑）。一方で、「よしっ！　なんとか回避策を考えてみましょう！」と燃えるタイプの人もいます。

編：おおっ！　頼もしい！　ちなみに友利さんはどちらのタイプ？

友：私？　私は後者ですよ！　……いや、ちょっとウソつきました。だいたい後者ですけど、忙しいときは前者かな……。あ、人によっても前者になるかな……。

編：人によって態度を変えるとはサイアクですね。

友：いやいや！　人によってじゃないんですよ。相手が単に商標を考え直すのがおっくうで言っているのか、その商標に強い思い入れがあって言っているのかでこっちの気合の入り方も変わってくるって話ですよ！

編：ホントかなぁ～？

②　商標権者に使用許諾を求めよう

編：では、回避策を考えようという話になった場合、具体的にはどのような検討をするのでしょうか？

友：商標の類似度を下げるために、商標の一部分についてマイナーチェンジする提案をしたり……。

編：語尾だけちょっと変えるとか？

友：そのくらいで、先行商標への抵触を回避できることは意外と多い。でも、最初の商標案に強い思い入れがある人は、少し変えるだけでも嫌がるんだよなぁ。また、時には、どうしても商標の変更ができない事情というのもあります。

1．他人の商標を使いたい！　どう交渉する！？　①

編：それってどんな事情？
友：例えば、外国からの輸入品で勝手に商標を変更できないとか。
　「もうパッケージをこの商標で入稿しちゃったんですよ！」と言われるとか……。それは、調査依頼が遅いよ！って話なんですが。あと、社長が気に入っていて「これしか考えられない」とか（笑）。
編：なるほど……。苦労してますね（笑）。そういう場合はお手上げですか？
友：いや、そういう場合こそ、知財部門の腕の見せどころだと思うんですよ。
編：おおっ、またなんかカッコ良いことを言い出した！
友：商標が変更できないなら、あとは障害になっている相手方の商標権をなんとかするしかありません。まず、考えるのは、不使用取消審判でしょう。
編：3年以上不使用だと、商標権を取り消されるというアレですね。
友：統計上、商標取消審判請求の成功率は8割前後に上りますから、まずはこのアプローチを考えるべきでしょう。ただし、審決の見通しが出るまでに数カ月はかかるという難点があります。「使えるか使えないかが分かるまで、そんなに待てないよ」というケースも現実にはよくあるんですよね……。それに、商標権者が使用していることがあらかじめうかがえる場合は、使えない手です。
編：そういう場合は、商標権者から使用許諾や譲渡を受けるべく、交渉を持ち掛けなければならないのですね。
友：そうです。不使用取消審判と交渉をウマく組み合わせる手段もありますが、それは次節で述べるとして、今回は、正面切って使用許諾等を頼みに行く際のアプローチについて述べたいと思います。
編：お願いします！
友：交渉を考えるときに気になるのは、まずは「そもそも、貸して（譲って）もらえるだろうか……」ということでしょう。
編：まずそこからですよね。モーションをかけるだけかけて、振られるのは誰だってイヤですからね……。
友：そこでウジウジしていると話が進みませんから、「まずは当たって砕けろ！」と言いたいところですが、実は、商標権者の属性や自社との関係性、対象商標の使用状況や歴史を調べることで、ある程度の予想はできます。例えば、相手がライバル関係にある企業だった

113

ら、難しい交渉になることは想像に難くありません。逆に、事業領域が競合しない商標権者なら、交渉の余地を見いだせます。

編：競合同士でも、クロスライセンスが見込める場合もあるのでは？

友：なくはないですが、特許のように、ある事業分野で権利を持ち合うことで、紛争抑止の効果をもたらす、ということにはならないケースが多いので、戦略的にクロスライセンスに持ち込もう、という交渉は成立しにくいでしょう。

編：商標の性質や価値によっても見通しは変わりますか？

友：変わります。商標の価値とは、一にも二にも「業務上の信用が蓄積されているかどうか」なので、商標権者が使用中の商標や、知名度のある商標については、交渉のハードルは高い。逆に、終売した商品の商標など、使われていなければ（3年以内の使用はあったとしても）交渉しやすいと思います。

編：使用料についてはいかがでしょう？

友：業界によっては一定の相場感が形成されている場合もありますが、基本的には相手によりけりと考えたほうがいいでしょう。事前に見積もるのは難しいですね……。「なんとなくこのくらいの額かな？」と予想して期待を裏切られて右往左往するくらいなら、むしろ利用希望者の側で、上限予算と提示金額を決めておき、その範囲で交渉するほうがいいでしょう。相場はあってないようなものなので、あらかじめ金額を提示したほうが、交渉をリードしやすいと思います。

③ 菓子折り持って、ごあいさつ

編：実際、商標権者に打診するときって、どういうふうにアポイントを取るんですか？ 知っている間柄ならまだしも、相手が縁もゆかりもない企業だったら？

友：登録原簿に載っている住所に手紙を送って申し入れをしたり、出願情報を調べて、出願代理人に仲介を頼んだりしますね。ある程度、素性が明らかな企業であれば、電話をかけて、商標担当者につないでもらって、事情を話すのが一番手っ取り早いでしょう。

編：ちなみに、友利さんの好みは？

友：交渉期間に余裕があれば、まずは手紙を送って、読んだ頃を見計らって電話をかけるのが好きですね。一番礼儀正しいと思いますし、相手も事前に心の準備ができているので、交渉がスムーズにいくんですよ。

編：なるほど。あとは電話で交渉という感じですか？

友：できたら、一度はあいさつに行って、対面交渉したほうが、印象は良いですよねぇ。

編：菓子折り持って。

友：そうそう。逆の立場で考えたら、電話で済まされるよりそのほうが印象も良いでしょう？

編：まぁ、そうですよね。

友：私なら、菓子折りさえ持ってきてくれれば上機嫌ですよ。「なんとかしましょう！」ってその場で言っちゃうかもしれない（笑）。

編：お菓子に釣られるとは、チョロい人だな～。

友：まぁ、知財担当者がチョロくても、結局社内の関係者の了解が得られなかったり、条件などが折り合わなければ、いくら礼儀を尽くしたところでダメなときはダメですが。

④ 「お互いさま」だとありがたい

編：「御社の商標権を使わせていただきたいのですが…」って持ち掛けたとき、商標権者の最初のリアクションはどんな感じなんですか？

友：面白いことに、だいたい以下の4タイプに大別できます。

① 困ったときはお互いさまタイプ
② 紋切り型タイプ
③ 足元付け込みタイプ
④ 頑固者タイプ

上から順に、交渉がまとまりやすいです。

編：なるほど。詳しく聞きたいですね。

友：「困ったときはお互いさまタイプ」に当たったときは一番ありがたい。良心的な条件で使用許諾を前向きに考えてくれるタイプですね。

編：「お互いさま」ということは、「今回は貸してあげるから、逆の立場になったときにはヨロシクね！」という意図があるのでしょうか。

友：そう。だからこそ、良心的な条件を提示してくれるんです。ある種のクロスライセンス的発想といえるかもしれません。そもそも、商標権の貸し借りが起こる間柄って、同一または類似する商品・役務区分に属する業界間であることが多いんです。

編：文具業界と出版業界（共に第16類）、玩具業界とスポーツ用品業界（共に第28類）とかですか。

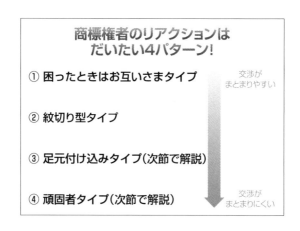

友：そうそう。双方が同じ区分で商標出願をしていれば、登録の場面では競合しがち。でも、例えば玩具とスポーツ用品のように、同じ第28類の商品でも、実際の事業領域は競合しないことも多いんです。そういうシチュエーションなら、お互い融通しやすいですよ。

編：「いつ借りる立場になってもおかしくない」と思ってくれればシメたものですね。

友：対価も良心的な金額で妥結しやすいです。それは自分が借りるときの対価にも影響しますから。

編：逆に、商品・役務区分が全く異なる業界同士だった場合、「困った

1．他人の商標を使いたい！ どう交渉する！？ ①

ときはお互いさま」にはなりにくいですか？

友：そうですねぇ。例えば、何かのはずみで、化粧品メーカー（主に第3類）が、自動車メーカー（主に第12類）の保有する商標を借りたいということがあったとします。

自動車メーカーとしては、「貸してやってもいいか」と思ったとしても、逆の立場になる可能性が想定できない以上、恩を売る理由がないですから、断ってもいいわけですし、高い金額をふっかけても構わないですからね。

⑤「紋切り型」は、かえってラク

編：「紋切り型タイプ」というのは「門前払い」的な対応をされるということですか？

友：いや、これは知的財産権の使用許諾料や条件が、社内規定などで決まっており、条件交渉の余地がほとんどないタイプです。

　知的財産権の保有数が多かったり、大手の中にはそういう企業もありますね。この手のタイプは、最初に電話をかけた時点ですぐ分かりますよ。

編：条件が決まってますからね。

友：最初の電話口で知財担当者に取り次がれて「じゃあ○○万円です」って金額を言われることもありますし、「使用許諾はできませんが譲渡は可能です。○○○万円です」ってこともあるし。

編：話は早いですね。

友：まぁそうですね。

「こっちがその条件をのめるかのめないかだけだ」と考えれば、ある意味、一番ラクですが。提示された金額が自社の予算内であれば、一瞬で決着がつきますからねぇ。

編：ただ、減額交渉をするとなると大変そうですね。

友：はい。いくら菓子折りを持っていっても取り付く島もないことが多くて……。しつこく粘るか、おとなしく諦めるか、結局、取消審判に頼る場合も多いです。

編：粘り腰で交渉に臨まなければならないのは、「足元付け込みタイプ」と「頑固者タイプ」が相手になったときも同様なのでしょうね。

友：そうなんです。まぁ、交渉事は、一回断られてからが本番ですよ！それは、次節でお話ししましょう。

2．他人の商標を使いたい！　どう交渉する！？　②

　どうしても他人の商標を使いたいときには、商標権者との交渉が避けられない場合がある。
　「困ったときはお互いさま」というタイプに当たればホッとする。紋切り型に「○○万円です」と提示されれば、ある意味話が早い。
　しかし、中には一筋縄ではいかないタイプの商標権者もいるのだ。運悪く、相手が「足元付け込みタイプ」や「頑固者タイプ」だった場合、交渉方法には工夫が必要なのだが……。

① 弱みに付け込まれない交渉術

編：商標権者に使用許諾を求めに行っても、ウマくいくことばかりではないですよね？

友：もちろんです。「いいですよ〜。どうせ使っていないので、安くお譲りしますよ！」というリアクションが返ってくれば一番いいのですが……。前節で触れましたが、不使用取消審判の成功率は8割程度あります。逆に言えば、世の中の登録商標の8割近くは不使用が疑われるといっても過言ではありません。使ってないなら、快く開放するのがスジってモノだと思うのですが、なかには心に余裕のない商標権者もいらしゃいますな！

編：そんな言い方せんでも……。前回「足元付け込みタイプ」「頑固者タイプ」という類例を挙げられていましたが、文字面を見るだけでも、厄介そうですね。

友：「足元付け込みタイプ」は、こっちの弱みに付け込んで、過大な見返りを求めてくるタイプです。

編：それはやはり、金銭的な？

友：たいていはそうです。想定外の金額を提示してくる。あるいは、商標権を持っているのをいいことに、製造や販売代理権の一部を要求してくるなど、事業に一丁噛みしたがるケースもありますね。

編：ガメツイですな……。

友：しかしまぁ、商標権者としては、使用許諾に対する見返りを要求する権利はあるわけです。

編：確かに。間違ったことをしているわけではない。

友：でも、こちらがのめる条件にも限度がありますからね。

編：このタイプの商標権者とは、どのように交渉すべきでしょうか？

友：この手合いには、「こちらが困っている」と悟らせないことです。そうすれば、付け込まれる可能性を減じることができます。

編：例えば、「何とぞお貸しいただけませんでしょうか～」と平身低頭に頼み込むってのはダメ？

友：ダメです。礼儀は尽くしても、決して卑屈になる必要はありません。まぁ、実際に「借りられないと困る！ 今日、色良い返事をもらえないと間に合わない！」というシチュエーションでは、どうしても焦りが出てしまうものですが、そこはグッと堪える！ 実はもうその商標を使ったパッケージで生産に入っているとしても、そんな弱みは口に出さないほうがいいです。

編：「実は、もう生産に入ってしまっておりまして……どうか、お願いします！」と正直に告白してしまいそうなものですが……。

友：私だったら、その瞬間に、「ふーん。じゃあ、ロイヤリティ10％払ってもらいましょうかい」って言いますよ。

編：ついさっき、「使ってない商標なら快く開放するのがスジ」と言っていた人の発言とは思えんな……。

友：平静を装ってクールに交渉しないと。「お借りしたいんですが、ま、ダメだったらダメで、いいんですけどね」といったマインドセットで臨みましょう。

編：要は、足元に付け込まれるような隙を見せない、ということですね。

友：そうそう。実際、交渉に失敗したからといって死ぬわけでも、クビになるわけでもないですから。

　「もともと使えない商標なんだ」「ダメ元で頼んでるだけなんだ」くらいの気持ちで臨んだほうが、焦りが相手に透けて見えない分、かえって交渉事はウマくいくってモンですよ。

編：気楽に当たって砕けろ！ と。

友：あとは、金額の話なら、こちら側から最初に「ここまでしか出せません」と断言するのも良い手です。相手から先に「100万円」と言われてしまうと、それが交渉のベースになってしまいます。金額は先に切り出したほうが得です。

編：先に提示された金額が、交渉の基準になりがちですよね。

友：そうでなくとも、お互いに腹の探り合いに終始して、どちらもなかなか金の話を切り出さないことがあります。あれも時間のムダです。

編：例えば、予算が50万円なら、「50万円が上限です」と最初から宣言してしまったほうがいい？

友：いや、予算の上限が50万円なら、「30万円が上限です」と伝えましょう。そうすれば、値段がつり上がっても当初の予算内に収まる可能性があります。

編：なるほど、最初から真の上限の「50万円」を伝えてしまうと、「いや～、もうちょっと頂かないと……」という話になって予算オーバーですからね。でも、相手が300万円を想定していたら、さすがに交渉決裂しませんか？

友：「安過ぎて話にならん！」と思われるかもしれませんが、どのみちこっちも300万円なんか払う気がないんだから、相手が300万円に固執するなら早めに決裂したほうがいいですよ。でも、もともと商標権（特に不使用商標）の価値なんて言い値みたいなものだから、「30万円」と提示を受けた以上は、相手もその10倍の金額を取ろうとはなかなか思わず、「30万円からどのくらい引き上げられるか？」という発想に切り替わりますよ。まぁ、対案で倍額も出しにくいから、「50万円がせいぜいかな」と思ってくれればシメたものです。

編：金額は「先に言った者勝ち」！なんだか、使用許諾を頼む立場だからといって、必ずしも下手に出る必要はないということが分かってきました。

友：弱みを見せて、下手に出るのは最後の最後ですよ。

編：最後まで条件が折り合わないとき？

友：本当はもう生産に入っちゃってるのをポーカーフェースで隠してたけど、全然話がまとまらない！といったような、いよいよどうしようもないときです。

編：その時には、生産に入ってしまっていることを正直に告白して謝りましょう。

友：いや、それはまだ隠しましょう。

編：言わないんかい！　とんでもない食わせ者だな。

友：ホントの弱みは見せないで、泣き落としで同情を買いましょう。「この値段で合意できないと会社に帰れない」「これがホントの予算上限。これ以上は振っても出てこない」

「ウチの業績は最悪なんです」「全然カネがない」とか、なんとでも言えるでしょう。
　「この会社はホントにカネがないんだ」と思わせることができれば、交渉が決裂して1円ももらえないより、せめて30万円でもいいからもらっておこうという妥協を引き出せるでしょう。

編：ちなみに、それでもダメだったら、生産済みなことを告白します？

友：いや、いったん会社に持ち帰って、「交渉決裂しました。生産済みのパッケージを廃棄するか、廃棄・再生産費用をかけるくらいなら商標使用料の上限を引き上げるかどちらにしましょう」と再検討するでしょう。

編：……確かに合理的だけど、全然正直に告白しないなこの人。

友：相手に弱みを見せるくらいなら、前のめりに死にましょう！

② 金持ちだと思われないように工作せよ！？

編：でも、既に生産や入稿してしまっているなど、追い込まれた状態に至っていなければ、そもそも本当に気楽に交渉できるから、足元に付け込まれにくいのでしょうね。

友：そのとおり。事後承諾を得なければならないときが、最も不利な交渉を強いられるでしょう。事前でも、商標を決定しなければならない期日までのデッドラインが迫っていればいるほど、相手のペースにのまれやすいです。

編：来週までには商標を決めないといけないという状況だと、悠長には交渉していられませんからね。交渉をするなら、早めにアプローチするに越したことはないと。

友：あと、カネを持っていそうに見られると、ふっかけられます。

編：交渉の場には、良い時計とかして行かないほうがいいってこと？

友：なるべく、ボロボロのスーツで行きましょう（笑）。大企業などは、企業名だけでカネ持ってそうに見られますからね。

編：実際は、大企業であっても、予算は厳しく管理されているので幻想といってもいいと思いますが……。

友：かくいう私も、以前、某大企業から商標ライセンスの打診を受けたとき、「年100万円！」とふっかけたことがあります。その後、ピタリと連絡が途絶えましたが……。
　あの時、30万円と言っとけば、

30万円もらえたんだろうなぁ。
編：欲をかくからそういうことになるんですよ。
友：まぁ、大企業の知財担当者は、金ヅルだと思われないようにするための工作がいろいろ大変ですよ。かつて米国アップル社が、タブレットコンピュータの「iPad」を発表するのに先駆けて、世界中の先行商標権者と譲渡や使用許諾の交渉をしたことがあります。
　その時、彼らは自社名を名乗らず、この交渉のためだけに英国で会社を立ち上げて、そのダミー会社の名義で交渉をしていました。
編：アップルの名前を出すと、法外な使用料を要求されると警戒したのでしょうね。
友：おそらくそうでしょうね。ちなみに「IP Application Development」という社名でした。頭文字をつなげると、「IPAD」になるんですね。
編：遊び心……なのか？
友：もっとも、ダミー会社に安価な額で商標権を譲渡して、後から相手が実は有名な大企業だったと分かった日には、元・商標権者は地団駄を踏みますよ。
　実際、アップルは後に「iPad」の元・商標権者だった台湾の企業と、譲渡の成否を巡って裁判沙汰になっています。
　その裁判では、「アップルが正体を隠してIP Application Developmentの名義で交渉し、契約したのは、不正競争行為もしくは詐欺であり、譲渡は無効である」との主張がなされていました（後に和解）。こういうリスクはあるかもしれません。
編：そこは考慮したほうがいいかもれませんね。

下手に出ると、カネの匂いが……

足元に付け込まれやすい
3大シチュエーション

・事後承諾の申し入れである
・商標決定までのデッドラインが短い
・カネを持っていそうに見られる

③「プライスレス」な商標はお金では買えない？

編：「頑固者タイプ」というのは？

友：このタイプは、自社の商標権に、お金に換えられない価値を見いだしているタイプです。商標権の価値は、業務上の信用や信頼の価値ですから、そこに商標権者の「思い入れ」「愛着」などのこだわりが伴っていることがあるんですよ。その点では著作権にも似ています。

編：なるほど〜。「プライスレス」ってヤツですね。そうなると、経済合理性では動かない、理詰めで交渉できないという問題が出てきそうですね。相手からすれば「頑固者」ですね。

友：このタイプが、交渉相手としては一番厄介です。感情の問題で「NO」と言われると、もうウンともスンともいきませんからね。なんだかんだ、カネで解決できるガメツイ商標権者がかわいく見えますよ……。何も、著名商標を譲ってくれと頼んでいるわけじゃないんですよ？　客観的に見れば、全然信頼なんか蓄積されていない不使用商標なのに、先方はそうは思っていないんですよ。「先代の社長の思い入れがある」とか「歴史がある」とかなんとか言って……。

編：まぁ、そういう気持ちも分かりますが、このタイプに当たった場合、どうすればいいですか？　まさかストレートに「客観的に見れば、全然信用なんか蓄積されていませんよ」とは言えないですよね？

友：それは言えないよな〜。怒らせるだけです。そこでゴネるよりは、商標にその人の信用が宿っていることは認めましょう。その上で、「その信用を汚すことのないように、御社にご迷惑をおかけすることのないように、精一杯、配慮するのでご安心ください」などと丁寧に説明して、説得することが有効です。もちろん、そう言うからには、口先だけではなくて、具体的に商標権者に配慮した措置を講じることが必要です。

編：例えばどんな？

友：「この商標は、○○様の登録商標であり、当社はご厚意で使用許諾を得ております。○○様の商品とは関係ありません」という表示を添えるとか……。

編：それは、商標権者としては気分が良さそう。でも、正直、いちいちそんな表示を添えるのは面倒クサいですね……。

友：そう。こういうことを約束すると、こちらの運用が大変になるので、特に事業部門は嫌がります。

編：でしょうねぇ。

友：どちらかといえば、社内で「こういう面倒クサいことをおっしゃる商標権者だったから……」と事業部門を説得し、他の商標に変更してもらうほうが早いというか、妥当なケースが多いかもしれません。

編：やっぱり使用許諾や譲渡交渉って大変そうだなぁ。

友：そうですね。「他人の先行商標を使うなら、使用許諾や譲渡を受けるしかない！」と思い込んでいる人も少なくないですが、他にも、商標法に規定されている制度も上手に活用したいところです。

　コンセント制度が活用できれば、どちらも商標権者という立場で共存できることになります。

　それから、不使用取消審判は、審決の結果を待っている時間的余裕はないとしても、使用許諾や譲渡交渉との合わせ技として使う手もあります。

編：なるほど。交渉が不調な場合は、取消審判請求に切り替えられるようにしておくということですね。

友：そうです。前節で、交渉の端緒は手紙で申し入れると丁寧だという話をしましたが、この時、「もし、お譲りいただけない場合は、恐縮ながら不使用取消審判を提起させていただきます」といった審判予告も添えれば、それは「駆け込み使用」対策（審判請求されることを知った後で商標権者が使用したとしても、登録商標の使用とは認められない。商標法50条3項）にもなります。

編：でも、手紙にそんなことを書いたら、相手からの印象が悪くなりません？

友：商標制度について分かっていれば「ああ、駆け込み使用対策ね」と理解してくれるハズですが、よく分かってないと、「なにー？　頼みごとをする立場で取り消しだぁ！？」と思われる可能性はあるかもしれない……。

　ですから極力、それ以外の部分を礼儀正しくしてフォローしたいところです。取消審判を予告することで、高額な対価を要求されるのを牽制できるというメリットもあります。

編：確かに。「高額を要求して審判で取り消されるくらいだったら、妥当な金額で譲渡しておくか……」という判断を促す効果が期待できますね。

友：相手方に3年以内の使用実績があると意味はないのですが、トライしてみる価値はあるでしょう。使用許諾交渉には、苦手意識を持っていたり、代理人に任せっきりという方もおられるかもしれませんが、やってみると意外と面白いので、ぜひ、チャレンジしてみていただければと思います！

3．第三者が３日前に同一の商標を出願していた！

　長く仕事をしていると、起こってほしくないことが起こってしまうこともある。商標業務においては、自社が使う予定の商標を出願したところ、第三者がその直前に偶然にも同じ商標を出願していたことが発覚することだ。ああ、考えただけで恐ろしい……。
　しかし、大切なのは、避けようのないトラブルが起こったときにどのように行動するかだ。あなたなら、いったいどうしますか？

① 商標業務で一番恐れること

編：商標業務をしていて、一番恐れることはなんでしょう？　やっぱり、外部から商標権侵害の指摘を受けることですか？　警告書をもらったり、訴えられたり。

友：それは確かに避けたいことではあります。ただ、「最恐」かと言われるとそこまでではありません。

編：えっ。そうなんですか？

友：警告書とか訴状くらいで慌てていたら、この仕事はできませんよ！

編：なんという強いハート……。

友：取り得る対抗策が幾つも考えられますからね。商標が非類似、商品・役務が非類似、商標的使用ではない、相手の商標が無効……。

　切れるカードが何枚もあるうちは、絶望することはありません。歓迎はしませんが。

編：そもそも、事前の商標調査をしっかり行っておけば、そんな事態はなかなか起きませんしね。

友：そのとおりですよ。しっかりとした商標業務体制があれば、そもそもそうしたトラブルが起こるリスクは極小化できます。調査を漏れなく、ミスなく、慎重に！　これがトラブル防止の秘訣です。

編：ちゃんと仕事をしている人にとっては取り越し苦労でしたね。すみません！

友：……いや！？　待てよ！！？？？

編：あービックリした。なんですか急に大声出して！

友：どんなにしっかりと商標調査をしていても、商標権侵害のリスクにさらされてしまうシチュエーションが、1つだけある！

編：そ、そんな……。

友：商標調査時には未公開だった先行出願ですよ。これらは、商標調査では捕捉することができませんから、気付かぬうちに、第三者の先行商標と同一の商標を採用してしまうことはあり得ます。

編：なるほど。確かに日本では商標出願から公開商標公報への掲載まで、約2週間（紙で出願されたものは約4週間）かかります。
　J-PlatPatの書誌事項検索結果に反映されるようになるまでだと、出願日から1カ月強くらいかかりますね。

友：EU、韓国、カンボジアなど、出願後数日で特許庁データベースに情報が反映されるところもありますが、どこの国・地域でも、出願間もない商標を調査で捕捉することはほぼできません。これが商標調査の限界です。

編：なるほど……。これは調査ミスではありませんから、発覚すると、気持ちのやり場がないですね。

友：自分の調査漏れなら、自分が悪いので諦めもつくというか、腹もくくれますが、こればっかりはどうしようもないからねぇ……。

編：それに、自分の調査漏れで、何年も前の先行同一商標が実はあった、というシチュエーションなら、不使用取消審判で先行商標を取り消せる場合もあると思いますが。

友：そうですね。でもこの場合、先行出願は、出願されたばかりですから、もちろん不使用取消審判による対抗はできません。そして、先行出願人も、同一商標を、自社と同じタイミングで使おうとしている可能性が高い……。

編：トラブルになる予感がビンビンにします。

友：あと、商標調査で気が付けなかったら、先行同一商標の存在を捕捉するタイミングがかなり遅くなる可能性があります。商標調査で「先行類似商標がなかった」と（誤った）判断をして、すぐ商標出願したとしても、実はその数日〜2、3週間前には先行同一商標が出願されていたということになります。その事実に初めて気付くのは、自社の出願が、先願を理由とする拒絶理由通知を受領したときってことは十分にあり得ますよ。

3．第三者が3日前に同一の商標を出願していた！

編：拒絶理由通知によって、初めて、少し先に出願されていた先行同一商標の存在を知るわけですね。

友：「先行類似商標なんてあったっけ？ 全く同一の商標じゃん！え〜っ！ 3日早く出願されてる〜！！」。これはショックですよ。

編：しっかり調査していたつもりだっただけに、顔、真っ青になるでしょうね……。でも、そんなたまたま、同一商標が同時期に出願されるなんてことがあるんですか？

友：しょっちゅうあることではありませんが、長く商標業務をやっていれば誰でも一度は経験するでしょう。特に、どの事業者も使いたがるような流行語や常套句的なキーワードからなる商標では、そのような事故が起こる可能性を頭に入れておいたほうがいいでしょう。実際の例でいえば、同一商品について3カ月差で出願が競合した「Touch Me」（被服）、「香りの余韻」（ビール）、1カ月差で出願が競合した「ファッショニスタ」（人形等）、2週間差で出願が競合した「NEXT MEAT」（代用肉等）などがありました。

編：確かに、言われてみると、使われがちで、カブりやすそうな商標という気がしますね……。

友：人間が考え付くものである以上、他人も同じことを考えている場合も当然あり得る。そう考えて、常に心の準備をしておくべきでしょうね。

編：このような事態を防ぐのは難しいのでしょうか？

友：商標調査を終えた後でも、商標の採用を決める直前、あるいは商標を出願する直前に、もう一度調査を行う。さらには、自身の出願が公開されたときに念のためもう一度調査をする。そこまでやれば、こうしたリスクはかなり低減できるでしょう。

編：なるほど。でも、かなり大変そうですね……。

友：そうなんです。調査を3回やれば、単純に手間とコストは3倍になります。国内の調査で、自分でシンプルにJ-PlatPatで同一商標の称呼検索をしてみるくらいのことならまだ対応できますが、類似商標まで捕捉しようとしたり、海外の調査でも同じことをしようとすると、相当な重荷になります。

編：そこまでの対応が常にできる体制の企業は少なそうです。

友：たまにしか起きない偶然のために、何度も商標調査を繰り返す必要はないと思います。

ただ、先ほど述べたような「使われがち、カブりやすい商標」を採用する場合は、「偶然の一致」リスクは意識すべきですね。多少コストをかけてでも、何度か商標調査することをお勧めします。

編：流行語、常套句的なキーワードを採用するような場合ですね。

友：あとは、語数の少ない商標なども要注意です（第1章5.「商標調査・出願の適切なタイミングとは？」もp.40参照）。

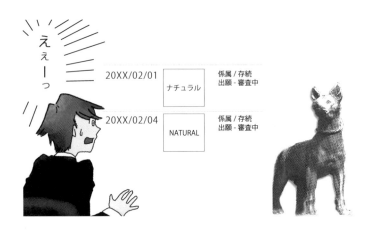

② 腹をくくって泣きつこう！？

編：では、同一の商標をタッチの差で先に出願されてしまったら、どのように行動すべきでしょうか？

友：起こってほしくないことですが、その場合、採るべき選択肢は幾つかあります。

編：おお、頼む！　なんとかウマいやり方で解決してくれ！

友：まず、考えるのは、先行商標の登録を阻止することです。

編：それができればベストですが。

友：ただ、たまたま先に出願されたこと自体を理由に、先行出願を拒絶させることはできません。

編：そこは先願主義ですからね。

友：ムリヤリ「不正出願だ！」と主張する人もいますが、先行出願人の心証を害すだけです。これについては後述します。一方で、他人とカブりやすい商標は、流行語的なものだったり、どの事業者も慣用的に用いる語だったりすることが

少なくありません。この場合、識別力欠如、つまり3条1項各号の拒絶理由に当てはまることはあり得ます。ならば、刊行物等の提出による情報提供で、先願を拒絶させるという手が考えられます。

編：異議申立てや無効審判でもいいかもしれませんが、登録前に気が付いて、情報提供で拒絶させるのがベストですね。

友：もっとも、識別力欠如を理由に先願を拒絶させることができたとしたら、同じ理由で自分の同一商標の出願も拒絶になる可能性が高いですが……。

編：う〜む。諸刃の剣……。

友：先に出願された以上、捨て身の戦法でいくしかないですね。

編：何も拒絶理由が見いだせない場合は、どうすればいいでしょう？

友：……そうなったら、まずはおとなしく自分が身を引いて商標の使用を断念すること。

編：先願主義の無情ですね……。

友：それがムリなら先行出願人に事情を話して、温情措置を要請することです。

編：え〜！ そんなバカ正直な……。

友：いや、ここまでの事態になってしまったら、「正直」こそが正攻法ですよ。立場が逆だったらどうです？

どこかの企業の人が菓子折り持って訪ねてきて、「実は……御社の商標出願が3日早かったんです〜！ 調査したときには出てこなかったんです〜！」って泣きついてきたらさ……。

編：う〜ん、同情します……。

友：「あなたは何も悪くない……」と言って優しく抱きしめてあげるのが人情です。こんなの予測不可能なアクシデントだよ！ ケガがなかっただけよかったですよ。

編：まぁ、単純に運が悪かったということでしょうね……。

友：先行出願人だって、たまたま3日早く出願したからよかったものの、担当者がちょっと後回しにしていたりしたら、逆の立場になっていたわけです。自分が頼まれる側にいるのはラッキーだったからですよ。商標業務に携わっている者だったら、他人事とは思えません。これを冷たくあしらうことはできないでしょう。

編：すると、丸く収まることが多い？

友：少なくとも怒られたり、即刻の使用中止を強要されたり、目玉が飛び出るくらいの使用料を要求されたりはしないと思います。精一杯かわいそうな自分をアピールして、共存に持ち込みましょう。

編：まさしく温情措置を狙うわけですね。確かに同情を買いやすいシチュエーションではありますが、そんなにウマくいきますか？

友：相手の商標保有件数がそれなりに多いなど、商標業務に精通している相手であればあるほど、事情を汲んでもらいやすく、ウマくいくケースが多いと思います。一方、たまたま１件だけ商標出願しているような相手だと、少しの差で後願の立場になってしまうことの「罪のなさ」を理解してくれない可能性はありますねぇ。この場合、事情を汲んでくれそうな、先行出願人の代理人に間に立ってもらうなど、工夫の余地があります。

ただ、仲の悪いライバル企業が相手だと、厳しいでしょうね。

編：交渉事はすべからくそうですが、相手を見て、アプローチ方法を考えることは基本ですからね。落としどころとしては、どのような共存の仕方が考えられますか？

友：コンセントやアサインバックで、両者共に商標権者になってお互いに争わないことにする。先行出願人のみを権利者として（自社の登録は諦める）、ライセンスや権利不行使の承諾を取り付ける。あるいは、こちらが商標の使用を諦めるとしても、ムリのないスケジュールでの猶予期間を得て、その期間中は無償ライセンス、権利不行使などの合意を取り付けるといったところでしょうか。

③ 絶対にやってはいけない禁じ手とは

友：逆に、絶対にやってはいけないアプローチがあります。

編：禁じ手があると。なんでしょう？

友：相手の出願を「不正な出願」「悪意の出願」と見なして警告したり、そうした理由で権利化阻止や無効化を試みることです。

編：識別力欠如ではなく、例えば４条１項７号（公序良俗違反）、４条１項19号（周知商標の不正目的出願）を主張するなどですね。

友：もちろん、ちゃんと根拠があればいいのですが、「たまたま同じ商標を先に出願されるなんてあり得ない」と頭に血が上って、無根拠に「これは不正な出願に違いない！」と思い込む人が意外と多いのです。そして、そのままの勢いで異議申立てや無効審判を提起してしまうことがあります。

編：そうすると、どうなります？

友：根拠がないんだから異議申立て等は認められないですよね。さらに、異議を受けた相手はどんな気持ちになるでしょうか。たまたま同じ商標を選択して、たまたま先に商標出願をしただけなのに、「不正目的の出願」だの「他人の業務に係る周知商標に類似する」だの「公序良俗を害するおそれがある」だの、直接ではないにせよ、言いがかりをつけられた日には……。

編：そりゃ、気分を害しますわね……。

友：こうなると、相手の態度は硬化します。権利を無効にできなければ、あとは先行商標権者に使用許諾等を申し入れるしかありません。

　でも、この状態で申し入れて、受け入れられると思いますか？

編：「異議申立てのことは水に流していただいて、使用許諾を頂けないでしょうか？」と頼みにいくわけですか、う〜ん。図々しいという印象になるんでしょうかね。

友：「アンタ散々ウチの出願にケチつけてくれたな！　水に流せるか！　帰れ！」「オイ、玄関に塩まいておけ！」くらいのことを言われる覚悟が必要です。

編：いや、そこまでせんでも……。

友：少なくとも、最初から頼みにいくよりは交渉のハードルが上がることは間違いありません。争ったほうが得か、頭を下げて交渉したほうが得か。慎重な検討が求められます。

編：相手の商標を客観的に分析し、無効性がないと判断できた場合は、やはり最初から素直に相手方と交渉するのがよさそうですね。

4．商標ライセンスで一攫千金は可能か？

こんなビジネスを思い付いた。他人が使いそうな商標を誰よりも早く商標登録し、使いたい企業にライセンスして使用料をもらうのだ。でも、売れるかどうか分からないのに、新たに出願や登録のための費用や手間をかけるのもなぁ。あるいは、既に保有しているが使用していない休眠商標をライセンスするというのはどうだろう。
　これでウチも「稼ぐ知財部」だ。でも、そんなことが可能なのだろうか？

① 商標権って売れるのか！？

編：今の時代、知財部は出願や調査費用ばかりを費やすコストセンターから脱却すべきですよ！

友：なんですか、やぶから棒に……。確かに、そういう課題意識を持つ知財部や企業は増えていますね。「稼ぐ知財部」に転換するために、開放（ライセンスや譲渡）可能な自分の特許権をカタログにしてライセンス営業を試みる企業や大学があります。

編：そうなんですよ！ 特許権はライセンスや売買が比較的活発に試みられています。翻って商標権はどうですか。商標権だって同じ知財です。

　それに、特許権よりも取得費用が断然に安い！ 難しい技術を知らなくても、良いネーミングを思い付いたら出願すればいいんです。そこで、いかにも企業が欲しがりそうな商標を自分が先に考えて商標登録し、大企業にそのライセンスを持ち掛けるって寸法です。

友：それじゃ悪徳ブローカーみたい……。

編：言いがかりはやめてください！ 悪徳ブローカーじゃないですよ！ 何も、他人が先に使っている未登録商標を先取りして登録しちゃおうって言ってるわけじゃないんですから！

まだ誰も使っていない「良いネーミング」を考えて登録して、誰かに使っていただこうという話なんです。考えてもみてください。例えば、私がソニーよりも先に「ウォークマン」という言葉を考えて商標登録していたらどうですか？ 今頃、億万長者ですよ！

友：筋論は置いておくとして、まず言っておきますけど、絶対にもうかりません。損するだけですよ。

編：なんでですか！ やってみなきゃ分からないだろう！

友：まず、アンタが「ウォークマン」をソニーより先に思い付くとは思えないんだよ！ 後付けならなんとでも言えますわな！

編：な、何を〜！

友：じゃあなんか挙げてみなさいよ。例えば、まだどこも出していないビールの新商品の名前なんかどうです？

編：……む、麦クリア。

友：麦クリアぁ？ ……まぁまぁ良さげなセンスじゃないか！ なんか発泡酒っぽいけど。

編：そ、そうでしょう！？ 早速商標登録して、大手ビールメーカー各社に売りにいきましょう。全国各地の地ビールの醸造所もターゲットになりますね。

友：いや、だから売れませんって。

編：なんでだよ！

友：逆になんで買わないといけないんだよ！ 商標は基幹的な特許技術と違って、いくらでも代替が効くんです。いくら語感の良いネーミングだからって、他人の登録商標を使うくらいだったら、自分で別の商標を考えますよ！

「麦クリア」
誰か買いません……？

編：えっ……？　そうなの？　でも、例えばアサヒビールが「スーパードライ」の商標を売るとなったら、何百億、何千億円の値がついてもおかしくないでしょう？

友：それは、何も「スーパードライ」という言葉の語感が良いから金銭的価値があるんじゃなくて、その商標に宿っている信用の価値でしょう。長年の使用に基づく実績があってこその価値なんです。
　どこの馬の骨か分からないヤツが昨日今日考えて登録してあるだけの商標には何の信用もなく、すなわち価値もありません。

編：言われてみればそうですが……。

友：確かに、M&Aや事業譲渡に際し、巨額で商標権が売買されることがあります。しかし、そういった取引の実態は、単に商標公報に載っている言葉やマークを売買しているわけではなく、その商標権に備わっている「商取引上の信用」を売買しているんですよ。

編：商取引上の信用を「ブランド」という言葉で表すとすれば、商標がブランド化していないと、価値はないということですね……。

友：そういうことです。残念ですが、諦めましょう。

② 年収1億円も夢じゃない？

編：いや、そうは言っても、例えば企業が使いたいと考えていた商標が、他人に登録されていたことが分かったときに、その企業が権利者に権利の譲渡やライセンスを頼みにいくことはありますよね？

友：確かにそういうことはありますね。

編：このとき、特にブランド化していない商標権でも、それなりの対価で取引されているじゃないですか。そうすると、ブランド化していなくても「誰かが使いたがる商標」は、やはりお金になるのでは！？

友：ないこともないですね。有名な話ですが、「iPhone」の商標権は、日本ではアップルではなく、インターホン等のメーカーであるアイホン社が登録しており、アップルに専用使用権の設定をしています。iPhoneが日本に進出するとき、アイホン社が使用する「アイホン」という商標権があったためにアップルが類似商標となる「iPhone」を登録することができず、アイホン社が代わりに登録したそうです。

そのライセンス料は、アイホン社の決算短信から、最盛期で年間1億円にも上ったといわれます。

編：おお、夢のある話！　まさにアメリカンドリームじゃないですか！　自分に置き換えて考えてくださいよ。米国の大企業が使いたがっている商標を先に登録しているだけで年収1億円になったら最高じゃないですか！？

友：そりゃ最高ですけど……。でも、これってたまたま企業が「どうしても使いたい商標がある（他の商標に代えられない）」という事情を抱えていて、その（類似）商標について、たまたま自分が有効な商標権を保有していた、という条件がそろって初めて成立する話です。「夢のある話」といえばそうですが、宝くじに当たるような確率であって、狙ってどうこうできるようなことじゃないですよ。

編：う～ん。それなら、使い勝手の良さそうな商標を何万件も登録しておけば、どこかの企業から声がかかることがあるかも……。

友：それってまさしく「何万枚も宝くじを買っておけば当たるかも」みたいな話ですね……。

　　まぁ、似たような目的で、出願手数料すら払わずに何万件も商標出願して、顰蹙を買った人がいましたが……。本当に迷惑なんでやめてください。

編：じゃあ、まだ日本に進出していない海外の商品名に目をつけて、先に日本で商標登録しとくとか……。

友：ついに尻尾を出しおったな、この悪徳ブローカーがっ！　それこそ典型的な不正目的の出願ですよ。登録拒絶事由、無効事由にもなりますよ。

編：う……。

友：商標法4条1項19号に該当する商標出願になりそうですね。

編：「他人の業務に係る商品又は役務を表示するものとして日本国内又は外国における需要者の間に広く認識されている商標と同一又は類似の商標であって、不正の目的（不正の利益を得る目的、他人に損害を加える目的その他の不正の目的をいう）をもって使用をするもの（は商標登録を受けることができない）」か……。

友：場合によっては4条1項7号（公序良俗違反）もあり得ますよ。そもそも、登録要件のことをいえば、自分で使用せずに他人に売りつけることを目的として出願している時点で、本来は登録要件を満たしていないんですよ。

編：えっ？　そうなの？
友：3条柱書で「自己の業務に係る商品又は役務について使用をする商標については……商標登録を受けることができる」とありますから、これに違反し、やはり拒絶事由、無効事由になります。私だったら、買い取りやライセンスの打診を受けた時点で、まず有効性を疑いますね。無効審判を検討することもあるでしょうし、実質的に無効であれば、有効な権利行使もできませんから、無視して使用するかもしれません。
編：ライセンス目的で、誰かが使いそうな商標をあらかじめ商標登録して稼ごうなんて、そんなウマい話はないということか……。

③ 休眠商標は幾らで売れる？

編：それなら、過去に自己使用目的として正当に登録した商標で、今は使わなくなって権利だけ残っている商標権をライセンスするのはどうですか？
友：休眠特許ならぬ、休眠商標の有効活用ですね。
編：そう、それです！　眠っている資源の有効活用ですよ！
友：確かに、そういうことを考える商標権者はいらっしゃるようです。また、休眠商標の譲渡やライセンスの仲介をするプラットフォーム（商標売買サイト）も存在するようですが、やはり他人の商標をわざわざ買うくらいなら、自分で別の案を考えると思うなぁ。
編：でもほら、ネーミングを考えるのが苦手な企業もあるかも……。
友：そうだとしても、特許と異なり、商標は一定期間使用されないと取消事由になるので、これもまた権利の有効性がなくなるという問題があります。
編：そうか。継続して3年以上使用していない商標は、取消審判請求の対象になりますね（50条）……。
友：「この商標、もう使っていないんですが、御社にピッタリだと思うので、よかったら買いませんか？」と打診されて、仮に欲しいと思ったとしても「使っていないんだったら取消審判請求しますね」という話になるのではないですか？
編：確かに。しかし、取消審判請求にかかる費用よりも安い価格設定だったら、買ってくれることもあるのではないでしょうか？

友：粘りますねぇ。まぁ、それはあるかもしれません。審判請求にもコストや手間がそれなりにかかるので、買い取ってしまったほうが合理的、という判断もあるでしょう。

編：おおっ、ついに稼げそうだぞ！
　　いやらしい話、お幾らくらいで売れそうでしょうか？

友：本当にいやらしいなぁ。取消審判請求手数料は、最低でも印紙代で5万5000円（1万5000円＋区分数×4万円）です。また、請求人が代理人を立てればその報酬もかかります。

　　一方で、審判請求手数料は請求人が審判で勝てば（取消審決が確定すれば）、原則として被請求人（商標権者）の負担とすることもできます。

　　そうした事情を踏まえて天秤にかけると、妥当な対価はせいぜい数万円から十数万円といったところではないでしょうか。

編：買ってもらえたとしても、ちょっとしたお小遣い程度か……。それじゃその商標権の取得費用をリクープできるかどうかすら怪しいですね。売る手間も考えると、やはり商売として成り立たせるのはキビシイか……。

友：「濡れ手で粟」というわけにはいきませんね。

編：やっぱり、自分から売り込みにいくのは諦めて、「たまたま自分が保有している商標を使いたいと思った企業からお声が掛かればラッキー」くらいの気持ちでいたほうがいいのかなぁ。

友：そうですよ。企業側だって、声を掛けるときに商標権者の素性はそれなりに気にします。商標権を売り込む姿勢がミエミエだったり、そうでなくとも、「他人が使いそうな商標」の商標権を脈絡なく大量に保有していたりして、「商標権でもうけてやろう」という魂胆が透けて見えるような権利者には、声を掛けるのも躊躇します。

編：確かに……。逆の立場だったら警戒します。

友：商標登録は自己使用というまっとうな目的で行うべきです。真面目にコツコツやってれば、そのうち、たまたまどこかの企業から声が掛かるかもしれません。

編：はぁ。気長に待つしかないか。

友：仮に、無効性のない商標権にそうしたお声がかかって、首尾よく譲渡やライセンスの合意に至れば、それなりの金額が動くこともありますよ。「iPhone」の金額は極端だとしても、そうした取引の実例は時々耳にします。

一度ライセンス契約に持ち込めば、商標権は半永久的に維持できますから、理論上は末代までライセンス収入を得られることだってあるかもしれません。

編：うらやましいなぁ。でも、それを期待して自分からモーションをかけるようなことではないことがよく分かりました！

5. 異業種コラボをするときの商標担当者の心得とは？

腕時計×チョコレート、書店×香水、自動車×まんじゅう、カップ麺×スニーカー。いずれも実際にあった異業種コラボだ。意外な組み合わせが話題を呼び、商品のタッチポイントやファンの裾野を拡大させる役割がある。しかし、商標担当者は頭を悩ませるのだ。「スニーカー？ そんな区分で商標登録してないよ！」「自動車メーカーとの契約なんて初めてだぞ！」「ああっ、その区分は第三者の商標権が……」。いったいどうすりゃいいんだか。

① コラボ分野での商標登録は必要か？

編：異業種の業者がコラボして商品展開することがありますよね。

友：人気飲食店の味を再現したカップ麺やスナック菓子、アパレルブランドのデザインや雰囲気を再現したスイーツショップなど、しばしば見かけます。

編：ああいった取り組みをするときに、商標のクリアランスはどのように考えればいいでしょうか？
　通常、飲食店なら飲食店の役務（第43類）、アパレルなら第25類などで商標登録していればよく、本来は無関係のカップ麺や菓子などの商品については商標登録していないことが多いでしょう。

コラボ事業を行う上で、コラボ先の商品や役務についても商標登録をすべきなのか？
　コラボ相手とはどんな契約を結ぶべきなのか？ 他人の先行商標があった場合にはどうすればいいのか？ 気になることがたくさんあります。

友：一般的に「コラボ」（コラボレーション）から想起するのは「共同事業」「協業」という意味合いで、2社以上の業者が対等な関係で事業を行うイメージがあります。
　しかしその実態は、事業の主体者はあくまで1社であり、もう一方の事業者の役割は、監修、技術

導出、ノウハウ提供、原料供給などの開発協力を行い、ブランドを貸与するスキームであることが多いようです。その場合、商標に注目すれば、実態的にはライセンサーとライセンシーの関係性です。

編：なるほど。確かに「人気ラーメン店の味を再現したカップ麺」の事業主体者はカップ麺のメーカーです。そしてラーメン店は、店舗名やロゴをカップ麺のメーカーにライセンスしている、と言えますね。

友：ライセンスビジネスであることを前提にすると、ライセンサーはライセンシーの事業分野でも商標権を確保していたほうがブランド使用に法的安定性を与えることができます。それはビジネスを円滑に進める上でも望ましいでしょう。

編：商標登録されたブランドをライセンスすることで、コラボ先は安心してそのブランドを使用できる、ということですね。

友：そうです。コラボ先としては、商標権について通常使用権の許諾を受けることで、その商標を商標として使用する法的な地位を得ることができます。審査を経て登録された商標ですから、第三者が類似商標を登録している可能性は基本的にはありません。

つまり、第三者の商標権に基づく権利主張に脅かされることなく、ライセンサーが了承する範囲で自由に商標を使用できるのです。

編：ライセンサーが商標登録していないと、コラボの取り組みはできないと考えたほうがいいでしょうか？

友：いいえ。商標権がなくても、当事者がお互いにそのブランドに経済的価値を認め、ライセンスを授受する合意があれば、ブランドライセンスは成立します。したがって、商標登録はブランドライセンス、ブランドコラボをする上で必須というわけではありません。

編：なるほど。確かに契約自由の原則の下で、商標権がなくても「ブランドライセンス」や「商標ライセンス」はできますよね。

友：ただ、商標登録されていない以上、「その商標の使用について、第三者から脅かされることはない」という法的安定性がありません。

もしかしたら、コラボ先の事業分野では、第三者が類似商標を登録しているかもしれません。すると、コラボ先は第三者から商標権を行使される可能性があります。

編：「飲食店」の分野ではA社が商標権者。コラボ先のカップ麺メーカーはB社。

しかし、「カップ麺」の分野ではB社の競合のC社が商標権を保有していた！　そんな可能性を考えると、怖いですね。

友：あるいは、C社や別の第三者が、A社やB社と無関係に対象商標を無断使用することがあるかもしれません。そうなった場合、基本的にはA社にもB社にもそれを止める法的根拠がありません。使われ放題です。

編：ライセンス料を払って商標を使うB社にとっては、同じ商標を堂々と勝手に使っている第三者を、指をくわえて見ているしかないのは面白くないでしょうね。

友：ライセンサーA社としても「契約の意味がないから、コラボは打ち切る！」とB社から言われてしまう可能性があります。

こんなことが起こるかも……

A　非類似商品　C
ラーメン 星丸亭　　ホシマル亭 うどん
ブランドライセンス　　権利行使？　品質〇類
B
グッドヌードル × 星丸亭

② 商標登録をしなくてもいい場合とは？

編：そうすると、やはり異業種コラボをするならライセンサーはコラボ先の事業分野で商標登録しておくべきということになりそうですね。

友：そのほうが望ましいですが、商標登録しない場合のデメリットを理解した上で「あえてしない」とい

う選択もあり得ます。

編：しかし、先のデメリットを考慮すると、「商標登録をしない理由」はあるのでしょうか？

友：コストでしょうかね。異業種コラボは恒常的に行われることはさほど多くなく、たいていは短期間の

特別な取り組みです。例えば３カ月の期間限定コラボで、ライセンス料が100万円だったとして、10万円かけて新たに商標登録をするかどうか。悩みどころです。

編：なるほど。３カ月なら、その間に第三者から商標の使用を脅かされるリスクは限定的……。それに、出願しても登録になる頃にはコラボ期間が終わっている可能性も十分にありますね。

友：しかし、異業種からコラボの引き合いがあったということは、コラボ先の事業分野においても、その商標にはブランド価値を発揮するだけのポテンシャルがあるということに他なりません。ある一社とのコラボが短期間で終わるとしても、時期を改めてまた別の事業者とのコラボが成立する可能性はあります。単発のコラボにおける費用対効果のみで商標登録の要否を判断するのではなく、将来性も考慮して検討してもいいのではないでしょうか。

編：将来のブランド拡張への投資と思えば、異業種分野での商標登録にかかる費用は決して高くはありませんからね。

③ 商標権があれば契約条件が有利に！？

編：コラボ先とはどのような契約を結ぶべきでしょうか？

友：既に述べたように、「コラボ」といっても多くの場合、実態的には対等な共同事業ではなく、事業主体者であるコラボ先に対して、ライセンサーが協力し、かつ、ブランドを貸与するというビジネススキームです。

　「コラボ」という表層に惑わされずに、両者の関係性を正確に捉えた上で、お互いにどのような義務を果たすのかを規定することが大切です。

編：例えば、ライセンサーがノウハウや原材料を供給して、ブランドを貸与するというスキームであれば、秘密保持や購買条件の検討が重要になりそうです。

友：そうなんです。実態として「購買契約」や「開発協力契約」の趣きが強いのに、契約書の表題が「共同事業契約書」だと据わりがよくありません。

編：表題は契約書の内容を拘束しないとはいえ、本質が見えにくくなりますね。

友：ここではブランドのライセンスに

注目して、契約上の工夫や注意点を語りましょう。既に述べたとおり商標権があってもなくてもブランドのライセンス契約は成立します。ただ、商標権があることで法的安定性という付加価値を付けることができますから、商標権はライセンス料増額のインセンティブになる可能性があります。

編：なるほど。先ほど、ライセンス料が100万円で商標登録にかかる費用が10万円だったら、わざわざ商標登録するのは躊躇（ちゅうちょ）する、という話がありました。

　しかし、もし商標権があることでライセンス料を120万円にできるのであれば、商標登録したほうがいいですよね。

友：さらに言えば、通常使用権の許諾よりも、独占的通常使用権、専用使用権のほうがライセンスの価値を高められるでしょう。

編：独占的通常使用権を与えれば、商標権者は契約期間中に別の第三者に通常使用権を与えることができません。専用使用権を与えれば、商標権者自身もその商標の使用はできなくなり、ライセンシーが商標の使用権を専有することになります。

　また、第三者の無断使用に対しても、ライセンシーの判断で権利行使が可能になります。これは大きいですね。

友：現実にはコラボ先がそこまでの使用権を欲するかどうかという問題がありますが、コラボ先に与えることのできる法的地位のオプションが増えれば、交渉の余地が広がるでしょう。

編：ライセンサーが商標登録していない場合、コラボ先から「商標登録をしてくれ」と求められることもあるのではないでしょうか？

友：あり得ます。その場合、ライセンサーとしては、やはりライセンス料の増額で要望に応じるのがいいでしょう。あるいは、コラボ先の費用負担でライセンサーが商標登録をする、という合意もしばしば見られます。

編：コラボ先から「費用が当社持ちなら当社名義で登録したい」と言われたらどうすればいいでしょう？

友：断りましょう。商標権は未来永劫更新できます。今はよくても、将来別の企業とコラボするときや、自己の事業として進出するときに最初のコラボ先の商標権が障害になります。10万円の登録費用を惜しんで、他社に一生分の商標権を渡してしまうのは危険です。

④ 他社の商標権があった場合の回避法

編：ライセンサーがコラボ先（ライセンシー）の商品等区分で新たに商標登録をしようとしたとき、先に第三者が同一・類似商標を登録していた場合はどうなるのでしょうか？

友：ライセンサーが商標登録できないのはもちろんですが、コラボ先の使用が商標権侵害になる可能性もあります。困った事態です。

編：わっ。それじゃあコラボ自体が実施できない……。

友：正攻法は、第三者の商標権に対して取消請求をしたり、譲渡を受けたりして障害を取り除くことです。ただ、自分で商標登録するよりもコストと手間、時間がかかりますし、不確実性もあります。

編：クリアランスができなかった場合、コラボを諦めるしかない？

友：諦めるのは早いです。コラボ先がライセンサーの商標を「商標的使用」ではない態様で表示すれば、形式的に登録商標が表示されていても、商標権侵害にはなりません。

編：コラボではないですが、宝酒造が販売する「タカラ本みりん入り」の表示を用いた調味料「お魚つゆ」に対し、「タカラ」（指定商品：しょうゆ）の商標権を有する宝醤油が商標権侵害を主張したものの、当該表示は商品に「タカラ本みりん」という宝酒造の商品が原料として入っていることを示す記述であって商標としての使用ではない、として侵害を否定した裁判例などが有名です〈東京高裁・平成13年（ネ）第1035号〉。

友：はい。ブランドを2つ並列させる「ダブルブランド」表示にはリスクがありますが、「タカラ本みりん」事件に倣い、事業主体者（ライセンシー）の商標をメインで用い、ライセンサーの商標は「ライセンサーが事業主体者の商品にどのような形で関与しているのか」を表す説明的記述として使用すれば、商標的使用ではないとして、商標権侵害を免れる可能性があります。

編：次頁右図のように「星丸亭」（ライセンサーの商標）を「グッドヌードル」（事業主体者の商標）と並列して表示すればリスクがありそうですが、「人気ラーメン店 星丸亭監修」のように、関係性の説明として表示すれば、侵害を回避できそうですね。

友：ただし、単純に「説明っぽく書けばセーフ」と機械的に考えるのも危ういです。例えば、下図の例で「星丸亭の味を再現！」と書くとします。

編：これも説明的ですね。

友：しかし、類似商標の「ホシマル亭」の商標権者である第三者が、その商標を「カップうどん」に使用していたとしたら、「ホシマル亭」の味を再現したカップ麺のようにも思われます。これは広い意味では出所混同ともいえ、そうである以上、商標権侵害のリスクは出てくるでしょう。

編：単に説明的な表示にするだけでは足りず、商標権者の関与を誤解させる余地、言い換えれば出所混同の余地をなくすための工夫が求められるということですね。

じゃあ、例えば「博多の人気ラーメン店 星丸亭の味を再現！」にすればどうでしょう。

友：それなら、カップうどんの「ホシマル亭」のことではないと客観的に伝わるのではないでしょうか。ちょっとした工夫で、リスクを減じることはできます。工夫の有無が、明暗を分けるともいえますが。

編：商標権者の立場、需要者（ユーザー）の視点に立った丁寧な検討が大事ですね。

友：コラボ先の分野に第三者の登録商標があった場合、商標の表示方法の自由度が下がるのは確かです。しかし、コラボ自体を諦める必要はありません。知恵と工夫で、回避策を練りましょう！

説明記述表記で
商標権侵害を回避する！

はダメでも

ならOK!!

6．商標出願で炎上しないための企業担当者の心構え

定期的に一般紙やネットニュースで取り上げられる知財トピックが、商標出願を巡る「炎上騒動」だ。公益性のある用語や流行語、ネットミームなど、社会の共有財産として認識されている語を誰かが出願すると、大企業にも個人にも、非難が集中することがある。「ネットってコワ〜い」と他人事のように思っているアナタ。現場から依頼されるがままに漫然と商標出願手続きを行っていると、次に燃えるのは、アナタかもしれない……。

① 商標情報の拡散は迷惑？

編：近年、J-PlatPatや商標公報の情報を転用して、商標出願情報がネットニュースになったり、SNS上で出願速報として広く配信されたりすることがあります。出願人としてはどう思っているのでしょうか？

友：複雑ではありますね。自社の商標出願情報は、未公表の商品やサービスに関する情報の一部であることが多いですし、どの要素をどのように保護・独占したいかというブランド戦略の一部でもあるわけです。

　なので「あまり大っぴらにしたくはないよな〜」とは思います。

編：情報解禁のタイミングは宣伝戦略の一つですものね。

友：主観的な感想としてはそうなのですが、一方、客観的には、商標出願情報へのアクセスが容易になり、また、アクセス手段が増えることは、基本的には歓迎すべきことなのかなと思います。

　もともと公報に掲載されている、公開情報ですし。

② その出願の正当性を説明できるか？

編：一方、商標出願情報が多くの人の目に触れることで、その内容について大勢から非難を受ける「炎上騒動」につながる事案が増えているように思います。これについて、商標業務への影響はありますか？

友：時には正当な行為が誤解を受けて炎上することもありますし、誰からも批判を受けないようにすることは難しいものです。

しかし、日々の業務で審査基準だけを意識するのではなく、社会通念に照らして正当性を説明できない出願はやめようと襟を正すきっかけになります。商標出願しようとする人は、企業規模の大小にかかわらず、そう心掛けるべきだと思います。

編：出願の正当性を説明できるか……当たり前のようですが、意外と難しそうです。

友：そうなんです。そもそも商標出願は、特許に比べると、手続き費用が安価なせいか、自社出願にせよ、代理人を通すにせよ、その目的をあまり深く考えないで出願する人が少なくありません。

編：商標出願の目的……それは商標登録をすること、ではダメですか？

友：商標登録は、事業上の何らかの目的を達成するための手段ですから、それは手段の目的化でしょう。

編：確かに、そうかもしれません。

しかし、セミナーやテキストなどで、「商標登録をきちんとしておくことは大事」「登録しないと他人に取られる」といわれることが多いからか、どうしても登録自体を目的にしてしまいますね……。

友：一面としてそれは事実ですが、本質を突いていません。それをうのみにして、「商標登録は大事だから」というスローガンを頼りに、新商品を出すたびにルーティンワークとして出願したり、「誰かに取られると困る」という不安に駆られて出願をしていると、いつか炎上してしまうかも……。

編：では、どのような目的を持つべきでしょうか。

友：商標登録の法的な効果は、指定商品・役務について、商標としての使用権を専有できることと、（同一・類似範囲において）他人の商標としての使用を排除できることです。一義的には、この効果を得ることを目的にすべきでしょう。

炎上すると、結局使いにくくなり権利の維持も難しい

商標	出願人	出願番号（登録番号）	顛末
アマビエ	株式会社電通	商標2020-73403	出願取り下げ
THE TANUKI NO TERO	株式会社gram	商標登録第6073226号	異議申立てにより一部取り消し後、無効審判により無効
ゆっくり茶番劇	（個人）	商標登録第6518338号	抹消（放棄）後、無効審判により無効

編：世間一般的にも、商標登録の効果は「独占（他人による使用の排除）」と理解されていますしね。

友：実際に商標権の効力が及ぶのは、あくまで商標としての機能を発揮する場面、商標的使用の場面に限られますが、商標登録の効果の理解として基本的には間違ってはいません。

　ところが、出願人の中には、この「独占」という強い効果をあまり意識しないが故に、社会通念に照らして独占不適と思われる商標を出願して、非難を受けてしまうことがあるのです。

編：よくネットニュースで見るかも。

友：そういうとき、出願人が取材などに応じて「独占するつもりはなかった」と釈明することが多々あります。

　以前、炎上騒動になったあるネット用語を商標出願した企業の担当者に話を聞いたことがありますが、「新商品名は商標出願しなければならないと思っていた」と言うんです。つまり、何の目的もなかった。

　その結果、自社がその用語を、少なくとも指定商品について商標としての使用を専有してしまうという効果に、考えが至っていないんです。

編：それは、悪気はなかったといえども、不用意とはいえそうです。

友：電車の座席を1列全部自分の荷物で占拠しておいて、「荷物が多かったから置いただけで、他の人から座りたいと言われればどこうと思っていたし、独占するつもりはなかった」と言い訳しても、結果として誰も座れない状況をつくったことに対する非難は免れませんからねぇ。

③「防衛目的」は免罪符にならない！

編：一方、流行語など、多くの人が使用を欲する語については、「誰かに登録されると使えなくなってしまうから、それを防ぐために出願した」という動機もよく聞きます。これは、目的としては正当といえないでしょうか？

友：2020年の新型コロナウイルス感染症の流行を受け、多くの人が疫病退散の象徴として親しんでいた妖怪の名前「アマビエ」を商標出願して批判を受けたときの電通のコメント「今後、第三者が商標登録をする可能性を考慮した結果、キャンペーン中に権利侵害が発生する可能性があるため登録を試みました」「商標の独占的かつ排他的な使用は全く想定しておりませんでした」はまさにそれですね（コメントと同時に出願取り下げ）。

ここで特定企業について、擁護も批判もしませんが、一般論として「身勝手な出願」と評価されても仕方がないと思います。

編：あ、ダメなんですね（笑）。

友：「誰かに登録されると困る」という不安を解消するために、公有的な用語を自ら商標登録して、その他大勢の同じ不安を、現実のものにしていますからね。

「誰かに公園を占拠されると困るから」という理屈で、公園にバリケードを張っているようなものです。

「フザケルな！ 占拠してるのはお前だろ！」と非難されてしまうでしょう。

編：独占するつもりはない、という意思は免罪符にはならないのでしょうか。

友：商標権の効力に真っ向から反する意思なので、なかなか理解を得られにくいと思います。

例えばプレスリリースなどで「独占する気はない」と表明したとしても、商標権の存続期間中ずっとその表明を掲げ続けるわけにもいかないでしょうし、その商標の使用を欲する多くの人は、普

通は商標権者の意思など知る由もなく、J-PlatPatなどで商標登録の事実を確認した時点で、反発心を覚えながらも、使用を控えることになるでしょう。

編：では、「独占するつもりはないが、誰かに登録されると困る」という不安を抱いたら、その不安とはどのように向き合えばいいのでしょうか。

友：「独占するつもりはない」商標をよく考えると、識別力の程度が低かったり、自社も商標としての使用を予定していないなど、そもそも「独占する必要性がない」場合が多いのです。

実際、電通以外にも「アマビエ」を商標出願していた出願人は何社かいましたが、あまねく3条1項6号に該当するとして識別力が認められず、拒絶されています。

また、電通は「アマビエ」の名称をキャンペーンに使うつもりだったと説明していましたが、せいぜい、コロナ対策キャンペーンのモチーフとしての使用予定だと思われ、商標として使用することを意図していたとは想定し難い。

編：そうすると、仮に誰かに登録されたとしても、その商標権の効力は及びにくいといえそうです。

友：つまり「誰かに登録されると困る」といっても、よくよく考えると、仮に登録されてもたいして困らないわけです。その程度の、非常に漠然とした、現実感のない不安を解消するために商標出願に踏み切り、社会を困惑させて、あまつさえ自分が炎上してしまったら、あまりにもコスパが悪い。

ですから、もしそのような不安を抱いたら、その不安が現実化する可能性を精査することで、不安を解消すればいいのです。出願をする必要はありません。

編：独占するつもりはないけど商標登録して、結果として独占状態をつくり出してしまうことが、炎上騒動の原因になることが多いような気がしてきました。当人に悪気がない分、不幸ともいえますね。

友：そうですね。何も考えなくても出願はできますが、自分の商標出願がどのような効果と影響をもたらすかをしっかりと検討し、出願の適否を決める思慮深さが求められます。

④ 先願主義は言い訳にならない！

編：一方で、悪気、要するに不正目的があったことで炎上するパターンもありますよね。

友：そうですね。他人の未登録の商標を、その他人の事業を妨害したり、使用料を得るなどの目的で先に出願してしまうことは、典型的な不正目的の商標出願です。なかには、本来の商標オーナーが泣き寝入りしてしまうこともあるかもしれませんが、明るみに出れば非難は避けられないと思います。

編：事例としては、2018年に日本企業がシンガポールのティラミスの人気店のロゴを先に日本で商標出願して騒動になった「ティラミスヒーロー」事件（後に4条1項7号該当で無効）や、2022年に、あるユーチューバーが、動画サイトにおける一般的な動画ジャンル名を商標登録し、ユーザーから使用料を徴収する方針を公言したことで騒動となった「ゆっくり茶番劇」事件（後に商標権者が抹消登録、3条1項3号、6号、4条1項7号該当で無効）などがあります。

友：不正目的の出願については、無目的の出願以上に擁護できませんが、商標制度をちょっとかじっていると、「先願主義である以上、早い者勝ちで出願することこそが正当で、出願していなかったほうが悪い」という発想で、不正目的を正当化しようとするヤカラがいます。

編：先願主義は厳然と存在するので、もっともらしくも聞こえてしまいますが……。

友：しかし、先願主義といえども、それは商標法の目的にかなった出願に適用されることが前提であって、なんでもかんでも早い者勝ちで権利を与えることを許容する主義ではありません。商標法の目的に照らせば、商標制度は「（正当に）商標の使用をする者」のためにあるものであって、決して先に出願した者の利益を保護するためのものではないのです。

　そういう意味では先願主義は、審査の便宜のために多くの国で一応採用されているものの、商標制度の本質はむしろ使用主義だといえます。先願主義を不正目的の出願の正当化に使うのは詭弁ですよ。

編：不正目的出願が頭をよぎったら、商標制度は何のためにあるのかを考え直したほうがよさそうです。

友：そうです。本書の読者のほとんどは、未登録の商標使用者からライセンス料をかすめ取るために出願しようなんてあくどい発想とは無縁でしょう。

　でも、誰であれ、油断していると商標制度の趣旨から外れた出願をしてしまうことがあります。

編：無意識に「不正」な出願を……？これも炎上の火種になりそう。

友：例えば、共同開発している商品について、特許を保有する共同開発先と対等な立場になろうとして、相手に黙って商標出願するとか。あるいはOEM商品の供給先に契約を切られないよう、供給先に黙ってその商品の商標を出願してしまうとか……。

編：無関係の他人の商標を横取りしているわけではないものの、取引先を出し抜いて商標出願してしまうというケースですね。確かに、正当な目的とは言い難いです。

友：百歩譲って、商標制度に明るくない事業部門の担当者や経営者が、何の考えもなしに商標出願を希望したり、商標出願に正当とはいえない目的を持つことは、仕方がないかもしれません。しかし、知財担当者までもが、現場からの出願依頼に対して、その目的を確認しないで漫然と出願手続きを進めることは避けましょう。

　知財担当者は、出願依頼の目的をしっかりと確認し、そこに正当性を見いだせないと判断したときには、毅然と却下しなければなりません。それを基本動作とするだけで、商標出願の炎上リスクはかなり低減できると思いますよ。

Column 3　警察沙汰の商標トラブルに気を付けろ！

　企業知財において、特許業務と商標業務の違いといえばなんでしょう。多くの違いがありますが、その一つが「警察対応業務の有無」ではないでしょうか。

　特許業務においても侵害事件対応はありますが、刑事事件化することはまずありません。商標業務でも、競合他社の商品名やデザインが似ているといったトラブルでは、やはり刑事事件になることは滅多にありませんが、コピー品などの模倣品被害の解決に当たっては、警察との協力が必要な場面があります。

　考えてみれば、世間での一般的な「商標権侵害」のイメージは、しばしばニュースや新聞を賑わせる「偽ブランド品を販売して逮捕された」といった刑事事件でしょうし、実際、こうした問題に日々悩まされているラグジュアリーブランドの知財担当者にとっては、警察対応は日常業務といってもよいでしょう。

　著者も、日常的に警察とやり取りしているわけではありませんが、ある程度、警察対応には慣れているつもりです。ところが、特許担当者など、周りの社員はあまり慣れていませんから、自分の会社に警察から電話が入ったりすると、妙にザワつく傾向があります。

　以前、警察から私宛てにかかってきた電話を、特許担当の若い社員が取ったとき、誰にも聞こえないような小声で「あの……、友利さん、○○警察の方からお電話です……」とこっそり取り次いでくれたことがありました。後で聞いたら、「友利さんは何らかの事件の参考人になっているに違いない」と思われていたそうです。周りにバレないように気を遣ってくれたというわけです。なんでだよ！

　その後も、総務の担当者に「○○警察の方が来週×日に車で来社するので駐車スペースを空けておいてほしい」と頼んだところ、「来週、パトカーが友利さんを迎えに来るらしい」という評判が立ったものです。全くいつもコイツも！

　模倣品トラブルの場合、商標権者が警察に相談するのではなく、模倣品を売りつけられた消費者が警察に相談し、警察が商標権者に捜査協力を求める、というパターンが少なくありません。

　自社商標を信用してダマされてしまった被害者の救済のため、社内であらぬウワサが立とうとも、私は頑張って捜査協力しますよ！

第4章
商標制度の乗りこなし方を語ろう！

> 　企業商標担当者にとって、商標制度の正しい理解は欠かせない。しかし、もっと大切なのは、制度を上手に乗りこなすことである。商品・役務間の類否は何を手掛かりに判断すればいいの？　ある商標の識別力の程度はどうやって推し量るの？　®って付けたほうがいいの？　これらは、たとえ商標法の条文や審査基準を暗記しても答えは見つからない。実践と経験の積み重ねによってこそ身に付くものなのだが、本章で、そのヒントについて語ろう。

1．便利だが過信は禁物？　類似群コードとの付き合い方

　新人の頃は、商標の「類似群コード」が嫌いだった。法則があるんだかないんだかよく分からない謎の数字とアルファベットの組み合わせは到底覚えられる気がしなかった。だが、今となっては類似群コードのおかげで円滑に商標業務が行えていると言っても過言ではない。一方で、これを過信すると思わぬしっぺ返しを食らうこともあるとかないとか……。知財パーソンを翻弄する、魔性の類似群コードとの付き合い方に迫る。

① 覚えにくいぞ！　類似群コード

編：類似群コードってなかなか覚えられないものですか。01A01から45K01くらいまであるのかな。

友：最初は覚えられる気がしないんですけど、調査や出願といった日常的な業務でよく使いますから、知らず知らずのうちに覚えてしまいます。特に、自社の属する業界の商品等に関する類似群コードであれば、そらんじられるという方も少なくないのではないでしょうか。
　あるいは、さまざまな業界から商標業務の依頼を受ける特許事務所にお勤めの方のなかには、ほとんどの商品等の類似群コードをすぐに答えられる人もいるかも……？

編：へぇ〜。じゃあ、ちょっとテストを。頭痛薬は？

友：01B01

編：探偵調査は？

友：42U01

編：タルトを取り分ける時のへらは？

友：19A05

編：すごっ！　気持ちワルっ！！

友：おい！

編：そもそも類似群コードって何！？

友：特許庁の商標審査部門が（産業界の関係団体等の意見も踏まえて）作成した、互いに類似関係にあると推定される商品等のグループ（群）に付与する5桁のコードです。つまり、同じ類似群コードが

付与されている商品等は、類似関係にあるという位置付けであり、審査において、互いに類似するものとして扱われています。

編：例えば19A05が付いている商品には他に何があるんですか？

友：えーと、例えばしゃもじ、ざる、箸、すりこぎ、鍋敷き、栓抜き、レモン絞り器、スプーン、フォーク、缶切り……。大まかには、家庭の台所で使う道具はこの19A05のグループです。

編：これらの商品同士は、審査では類似商品として扱われているわけですね。つまり、誰かがしゃもじについて「AAA」という商標を登録していたら、他の人はスプーンについて同一の「AAA」やこれに類似する商標は登録できないということになりますね。

　普通の人はこんなコードの存在を知らないと思いますが、どこで知ることができるのでしょうか。

友：特許庁が公表している「類似商品・役務審査基準」という文書に載っていてウェブサイトで閲覧、ダウンロードできます。また、J-PlatPatの「商品・役務名検索」のウェブページでは、商品等から類似群コードを検索することができますし、その逆引きも可能です。

編：しらばっくれて尋ねましたが、『類似商品・役務審査基準』の書籍版は発明推進協会から発行されています。

　疑問があるのですが、コードへの番号の付け方には法則があるのでしょうか？　ニース国際分類の番号と、類似群コードの上2桁の番号が一致するのが基本のように思うのですが（例えば「菓子」は国際分類が第30類で、類似群コードは30A01）、先ほどの「タルト取り分け用へら」（国際分類は第21類で、類似群コードは19A05）のように、国際分類とは違う番号が付いているものもあり、覚えにくいです。

友：類似群コードは、日本がニース協定に加入する前の昭和34年法に基づく政令に定められた商品区分（日本独自の区分）をベースに付与されているので、ニース国際分類の分類番号とは調和していないんです。

　当時の商品区分では台所用品は第19類だったので、類似群コードも19から始まっているんですね。これはそういうものだと思うしかありません。確かに覚えにくいですが……。

② 何のためにあるんだ！　類似群コード

編：もう一つ、そもそもの話を聞いていいですか。類似群コードって何のためにあるんでしょうか？

友：一義的には、審査官の審査における効率化と安定化のためでしょう。願書に記載してある商品等に類似群コードを付与し、それが先行商標の類似群コードと同一だった場合は類似商品と見なしますから、そこで商標同士も類似していたら拒絶理由通知を出すことになります。

　非常に効率的ですね。審査官同士で商品等間の類否判断がばらけるということもなく、審査部門全体の判断が均質化します。

編：審査官のためのものという性質が強いんですね。

友：はい。特許庁では昭和7年から『類似商品例集』という非公表の「虎の巻」を使って、商品間類否に関する審査をしていたそうです。まさに審査官のためだけの資料だったのです（公表は昭和28年から）。しかし、現在では、商標業務を行う企業の担当者や特許事務所の間で、類似群コードは広く活用されています。

編：調査や出願においてですね。

友：一般に商標調査では、J-PlatPatに代表される商標データベースに、調査したい商標と類似群コードを入力して行うことが多いと思います。これだけで類似範囲の商品等のグループにおける類似商標の有無を調べることができます。

類似群コードによって審査はかなり自動化されている!?

編：非常に簡単です。

友：もしも類似群コードがなかったら——実際に、海外では類似群コードのような指標を持たない国が多いのですが——、取りあえず国際分類単位で類似商標を抽出し、一つひとつ指定商品等を確認していくことになるでしょう。これでは手間がかかります。

編：出願時にはどのように使うのでしょう。

友：商標審査便覧には1区分内において、23以上の類似群コードにわたる商品等を指定しているときは、「指定している商品等の範囲が広すぎる」として、商標の使用および使用の意思があることに「合理的な疑義がある」と判断されることが定められています。

すると、商標法3条1項柱書の「自己の業務に係る商品又は役務について使用をする商標」という要件を満たしていないと審査され、拒絶理由になります（拒絶理由への応答を通して、商標の使用または使用の意思が確認される）。そのため、少なくない出願人や代理人が、願書を書くときに類似群コードの数をカウントする実務を要求されている実情があります。

編：なるほど。でも、わざわざカウントしているということは、使用やその意思がないのに、審査で引っかからないギリギリの範囲まで指定商品等を詰め込もうとしていませんか？

友：……。

編：黙っちゃったよ。

③ 信じていいのか！？ 類似群コード

友：ともかく、類似群コードが活躍する場面は多いんです。他にも、先行登録商標と類似する旨の拒絶理由通知を受け取ったときに、どの商品等まで削除補正すればいいかの指標にもなります。

編：類似群コードって便利ですね。

友：便利ですが、過信は禁物であり、また過信すべきではありません。

編：そんな冷や水を浴びせなくても。

友：最初にサラッと言いましたが、類似群コードは、特許庁が考えた、互いに類似関係にあると推定される商品等のグループ（群）に付与する5桁のコードです。類似群コードによる商品間の類否は、あくまで「特許庁による推定」なので覆されることもあります。

1．便利だが過信は禁物？　類似群コードとの付き合い方

編：絶対的なものではないんですね。

友：他ならぬ「類似商品・役務審査基準」にも、「具体的、個別的に商品又は役務の類似を審査する際において、あるいは商取引、経済界等の実情の推移から、この基準で類似と推定したものでも非類似と認められる場合又はこの基準では類似としていないものでも類似と認められる場合もあり得ます」と書いてあります。

編：ホントだ。これは絶対じゃないぞ。

友：商品等の類否関係の本来的な判断基準は、類似群コードが同じかどうかではなく、同じような商標を商品Ａと商品Ｂに使用したときに、両商品が、同じ営業主の製造・販売・提供に係る商品と誤認されるおそれがあるか否かです。

編：例えば、シャンプーとヘアートリートメントに同じような商標が付いていたとき、「これらは同じメーカーの商品なのかな」などと誤認されるおそれがあれば、シャンプーとトリートメントは類似する、と判断するということですね。

友：その判断のための具体的な指標として、一般的な生産部門の一致性、販売部門の一致性、用途の一致性、需要者の範囲の一致性などが挙げられます。

編：シャンプーとヘアートリートメントでいえば、どちらもパーソナルケアのメーカーが生産しますし、ドラッグストアの似たような棚で売られています。

　髪を洗うかいたわるかの違いはありますが、どちらもヘアケアのために使うともいえます。洗髪時にシャンプーしか使わない人もいるでしょうが、両方使う人も多いと思います。

　どちらかといえば、類似商品だろうという気がします。

友：でも、類似群コードは違うんです。

編：あ、本当だ。シャンプーは04A01、ヘアートリートメントは04C01なのですね。

友：逆に、インターホンとデジタルカメラ（共に11B01）など、同じ類似群だけど、先ほどの指標に照らしたときに、関係性が遠く感じる商品もあります。

編：う～ん。確かにニコンやキヤノンのインターホン、そしてアイホンのデジカメも聞いたことがないですね。

友：基本的には、類似群コードも前述の考え方に基づいて付与されているので、大外れしていることはないのですが、完璧とまではいかないですね。

どこまで信じていいのか…？

編：……とすると、類似群コードのみに依拠して登録性を判断すると、間違うこともある？

友：はい。審査においては、ある意味で機械的に類似群コードによって商品等間の類否を判断しています。ですが、意見書や審判で当事者が類似群コードに縛られずに商品等の類否を主張することは可能ですし、それが認められることもあります。

　実例としては、共に11C01の「発光ダイオード」と「インクジェットプリンター」を非類似商品とした審決、共に32F04の「サラダ」と「アーモンドペースト」を非類似商品とした審決などがあります。逆に、類似群コードは異なるものの、類似商品とされた例として、医療用の「体脂肪測定器」（10D01）と、家庭用の「体重計」（10C01）を、誤認混同のおそれがある類似商品とした「デュアルスキャン」事件〈知財高判平成28年2月17日 平27（行ケ）10134〉などがあります。

編：わっ！　結構あるんですね。

友：以上は商標登録の可否における類否判断の話ですが、侵害事件になると、類似群コードの存在感はさらに薄まります。侵害事件では、証拠に基づく、具体的な事件における取引態様なども踏まえた上で、争点となっている2つの商品等に同じような商標が使用されている場合に、出所の混同を生ずるおそれがあるか否かという点が判断の決め手です。類似群コードが同一だから侵害、という単純な話では全くないのです。

編：なるほど……。すると、商標権者が自分の商標権の効力を推し量る際に、「自身の商標権の禁止権の範囲＝類似群コードの範囲」と単純に考えるのは危険そうですね。例えば、11C01の類似群コードが付与された、ある特定の商品について商標登録をしていても、必ずしも全ての11C01の商品に禁止権を行使できるわけではないのですね。

友：そうです。逆に、ある類似群コードの付いた商品について商標登録をしていても、違う類似群コードの付いた商品について商標登録している権利者から、禁止権を行使され、それが認められる可能性もあります。

編：コードが違っていたとしても、実質的にその商品同士が類似していれば、そうですね。う～ん油断できないな。

友：裁判例には、「類似商品・役務審査基準は、商標登録出願審査事務の便宜と統一のために定められたものであり、裁判所の判断を拘束するものではないから、類似商品・役務審査基準において類似すると推定されているというだけで、本件指定役務と被告商品……が類似するということはできない」とハッキリと示した「ジョイファーム」事件〈東京地判平成30年2月14日 平29(ワ)123〉もあります。

編：あらら。

友：これを踏まえると、審判を見据えた登録可能性や、侵害・非侵害可能性を検討するに当たっては、「だって類似群コードが一緒なんだもん（違うもん）！」というだけの考え方では全く甘い、といえそうです。

編：手軽さ故に普段から類似群コードに頼りきってしまうと、いざというときにきちんとした判断ができなくなってしまう……まさに過信は禁物ですね。

友：そのとおり。便利さには感謝しつつ、商品等間の類否については常に自分の頭で考える癖をつけましょう！

2. ハウスマーク＋識別力の怪しい商標の結合商標との付き合い方

商標調査をしていると、識別力がなさそうな単語が商標登録されていることがある。

よく見ると、商標権者のハウスマークと結合して登録されている。このような商標のハウスマーク以外の部分の使用を検討する場合、そのリスクをどのように評価すべきだろうか。そして商標権者にとっては、こうした商標登録にどんな意味があるのだろうか？

① 普通名称なのに商標登録されている！？

編：あれ〜？　明らかに普通名称のハズなのに商標登録されているぞ？じゃあ、この「普通名称」は、勝手に使っちゃいけないの？

友：商標調査をしていると時々遭遇する困惑ですね。

編：よく見ると、商標権者のハウスマークなどと結合して登録されているんです。こういった登録商標の、「普通名称部分」を使用するリスクについて、どう評価していいのか、分からないんです。

友：なるほど。では「商標審査基準」を読んでみましょう。商標登録を受けられない普通名称の例として「商品『さんぴん茶』について、商標『さんぴん茶』」と書いてあります。どうやら「さんぴん茶」は、商標登録できない普通名称の典型例といえそうです。

ところが、「さんぴん茶」を含む登録商標として、ポッカサッポロフード＆ビバレッジ社の「POKKA／さんぴん茶」（第4426660号）が存在するという事実があります（指定商品「さんぴん茶」）。こういう登録商標ですね。

編：そうなんですよ。矛盾している！審査基準がおかしいのか？　それとも審査官がおかしいんでしょうか！？

友：まぁまぁ、そう興奮しなさんな。

これは矛盾しているわけではありません。条文（商標法3条1項1号）をよく読めば、「その商品又は役務の普通名称を普通に用いられる方法で表示する標章のみからなる商標」と書いてあります。

つまり、普通名称である「さんぴん茶」のみでは商標登録できませんが、「POKKA」のハウスマークのような、他の識別力のある要素と結合させれば、これには当てはまらず、商標登録の要件を満たすのです。

編：そうか……。審査基準や審査官が間違っているわけではないんですね。

友：はい。「普通名称等の識別力のない商標は商標登録できない」ことは、常識ともいえます。しかし、識別力のない商標を含む商標を登録することは、実は非常に簡単なんです。

編：どんなものでもいいから識別力のある別の要素を付け加えればいいわけですからね。

友：問題は、このような登録商標の商標権としての効力の評価です。

編：そうなんですよ。商標登録されている以上、識別力がなさそうな部分でも、使っちゃいけないのではないかと不安になります。

友：一般論として、識別力の怪しい商標について「商標登録されている以上、使えない」と考えるのは誤りです。ある言葉等における認識は、時代や場面によって変わります。その時代や場面において識別力を発揮しない商標は、商標としての使用に該当しない、商標としての機能を発揮しない、として商標権の効力が及ばない（商標法26条）か、識別力のない部分が類否判断の比較対象から捨象されることで、商標非類似と判断されることも多いです。「さんぴん茶」の商品に「さんぴん茶」の表示が付されていたとき、その「さんぴん茶」を商標として認識するか、普通名称の表示として認識するかを考えて判断することが重要です。

編：う〜ん。虚心坦懐に考えれば……普通名称だと認識すると思う。

友：「識別力のない商標は商標登録できない」という原則があるので、逆に「商標登録されているということは、識別力があるということでは？」と不安になる向きはあると思いますが。

編：そうなんですよ！　不安です。

友：しかし、前述したように普通名称等を含む商標を商標登録することは、ちょっとした工夫で簡単にで

きますし、「商標登録されている＝識別力がある」というのは錯覚といってもいいでしょう。識別力は商標登録の有無のみで判断するのではなく、世間における認識のされ方を考慮して判断すべき問題です。客観的に見て普通名称だと認識される表示は、商標登録の状況がどうであれ、普通名称としての使用なのです。

② 識別力がないことをどうやって判断する？

編：世間において普通名称等であると認識されているかどうかは、どうやって判断すればいいのですか？

友：普通名称等として認識されているかどうかは、確からしい証拠の積み重ねで確認していくしかありません。

　一般的な辞書に掲載されているか、業界用語辞典に掲載されているか、各種刊行物やメディアでどのように使用されているか、需要者がどう使用しているか（例えば消費者によるネットの書き込みなど）、取引者がどう使用しているか（メーカーや流通業者のウェブサイトでの使用のされ方など）。

　こうした情報を多角的に検証することで、確認していくのです。

編：なるほど。ちなみにそのようにして調べると、「さんぴん茶」とは、沖縄で飲まれているジャスミン茶のことだと分かりました。普通名称と言いきってよさそうです。

友：J-PlatPatなどの登録商標データベースの出力結果だけを見るのではなく、現実の市場を観察することが重要です。もっとも、商標データベースも参考になります。

　「さんぴん茶」を含む登録商標を出力してみると、ポッカサッポロ社の登録商標があるにもかかわらず、同じように「さんぴん茶」を大きく表示したオリオンビールの商標や、比嘉製茶の商標も併存的に登録されていることが分かります（次頁図）。

編：本当だ。同一商品（さんぴん茶）について先行する登録商標があったら、普通は、類似する商標は登録できませんよね？

友：そうです。ではなぜ併存登録されたのか。それは、両商標とも「さんぴん茶」が大きく表示されているにもかかわらず、審査官がポッカサッポロ社の商標とは非類似と判断したからだと推察できます。

「さんぴん茶」商標併存登録状況

商標	POKKA さんぴん茶	オバァ自慢の さんぴん茶	さんぴん茶
商標権者	ポッカサッポロフード＆ビバレッジ株式会社	オリオンビール株式会社	株式会社比嘉製茶
登録番号	第4426660号	第5273702号	第5685750号
指定商品	第30類 さんぴん茶	第30類 さんぴん茶	第30類 さんぴん茶
登録日	2000年10月20日	2009年10月16日	2014年7月11日

編：「さんぴん茶」が一致しているのに非類似？

友：その理由は、「さんぴん茶」の識別力がないために、この部分を要部として抽出しなかったからでしょう。「POKKA」と「さんぴん茶」のように、複数の構成部分からなる結合商標の場合、一方の構成部分に識別力がない場合は、商標（出所識別標識）としての称呼や観念が生じないものとして、その部分について単独で比較して類否を判断することはできない、という法理があります。

編：「さんぴん茶」は商標として認識されないから、商標としての比較対象にするのは適切ではないということですね。

　逆に言えば、「さんぴん茶」を含む商標が複数併存登録されている結果から、特許庁は「『さんぴん茶』に識別力がない（普通名称）」と評価していることが分かる、というわけか。

友：そういうこと。特許庁における併存登録例のリサーチと、刊行物などのリサーチを通した世間の認識を推し量る作業で、その言葉が普通名称かどうかは判断することができるのです。

編：しかしまぁ、「さんぴん茶」くらいなら、常識に照らして普通名称かどうかの判断はしやすいですが、「識別力の有無が微妙な語」とハウスマークが結合した商標になると、判断が難しくなってきますね。例えば「スッキリのどこしさんぴん茶」とか「超絶ブレンドさんぴん茶」だったら、私なら悩みそう。

2．ハウスマーク＋識別力の怪しい商標の結合商標との付き合い方

友：難易度の高いものもあるでしょうね。先ほどの判断手法を用いて、識別力の有無を推し量るしかありません。

編：代理人に相談しながら判断するしかないか。

友：ですね。しかしこの手の判断は、代理人に一任するのではなく、代理人と協力する姿勢が大事です。ある商標が、ある商品との関係で識別力があるか否かは、法的知識のみによって導き出すことはできません。むしろ、その商品やマーケットを熟知している企業側にこそ知見があるともいえるのです。

　法理と市場理解の両方が伴ってこそ、精度の高い答えにたどり着けるのです。事業と法律を両方知る、企業知財人の腕の見せどころなのです。

③ 周りを牽制するための「つなぎ」の商標出願

編：出願人の立場からすると、識別力の微妙な商標とハウスマークを結合させて商標登録する目的って、いったい何なのでしょうか。

友：幾つかあるようです。まず、出願人自身、その商標（例えば「さんぴん茶」）に識別力がないだろうと思っていて、単独で登録できる自信はない。でも、できることなら独占したいと思っている。

　そこで、他人を牽制する目的で、ハウスマークをくっつけて商標登録するという行動パターンがあります。

編：つまり、A社が、「A／さんぴん茶」を先に商標登録することで、他の企業が「さんぴん茶」が使いにくくなるのを期待するということですか？

友：そうです。たとえ形式的な内容であっても、商標登録されていることで、使用を控えてしまう同業者は少なくありません。

編：まぁ、「さんぴん茶」だったら、「いや、この部分は明らかに普通名称でしょ」と判断できるので、騙される人は少なそうですが……。

　別の、もっと識別力が微妙そうな言葉だったら、「この部分も商標として認識されるかも」と惑わされてしまうかもしれません。

友：ですから、その言葉の使用を欲する立場からすれば、紛らわしい先行商標の有無にかかわらず、その言葉の識別力を測定して、判断する力が求められます。

編：商標についての正しい知識と、識別力についての適切な判断力を発揮できないと、無用の使用自粛をするハメに陥ってしまうということか。

友：逆に権利者の立場では、上手に牽制を続けることで、事実上の独占状態をつくり出せるかもしれません。もしそうなれば、その商標は自己の商品の出所のみと結び付きを強めていき、本当の識別力を宿すことも夢ではありません。

編：「使用による識別力」ですね。

友：この状態をつくり出すことができればシメたもの。商標権者がハウスマークを省いて「識別力が微妙だった商標」部分のみを出願し直せば、単独で商標登録することも夢ではないでしょう。

編：本当に独占したい「識別力が微妙な商標」が識別力を宿すまでの「ツナギ」として「ハウスマーク付きの商標」を登録するわけですか。

友：ウマくいくかどうかは、本当に微妙な話ですけれど……。

編：「こんなものに識別力があるわけないだろ！」と他の大勢に使われてしまえば終わりですからね。

友：そういう状況を打破しようと、焦って「ハウスマーク付きの商標」で権利行使をして、負けてしまえば、水の泡です……。

　識別力のない商標を、小手先のテクニックだけで独占しようとするのは難しいんです。誠実に自己の商標として使用し続けることで、商標としての認識を高めることとセットで取り組むことが大事です。

権利者と使用者のにらみ合い……！

④ 先行商標を「ツブす」ための商標出願

友：逆に、「先行商標には識別力がない」ことを立証するために、「ハウスマーク＋識別力の微妙な商標」を出願するというアプローチもあります。

編：ん？　自分が商標登録をすることで、他人の商標に識別力がないことの証明になるんですか？

友：同一商品について、同一の構成要素（例えば「さんぴん茶」）を含む商標が、複数併存登録されていたら、その構成要素について、特許庁は識別力がないと審査した可能性が高い、と言いましたよね。

　それを逆手にとって、「識別力が微妙な先行商標」があった場合、その先行商標に自社のハウスマークをくっつけて出願して、併存登録を狙うのです。

編：なるほど！　それで先行商標を理由として拒絶されず、併存登録されれば、特許庁が、先行商標には識別力がないと判断したことになるのか。

友：そうすれば、自社は安心してその「識別力の微妙な商標」を使用できるという寸法です。どうもポッカ社による「POKKA／さんぴん茶」の出願目的はそれだったよう です。この商標の出願は1998年ですが、実は1997年に三井農林が「さんぴん茶」の標準文字商標を出願し、登録を受けているのです（登録4260633号）。この商標登録は、当時、沖縄県の茶業界を中心に物議を醸し、後に異議申立てにより取り消されています。

　ポッカ社は、この登録商標に「POKKA／さんぴん茶」の出願をぶつけることで、「さんぴん茶」に識別力がないことを立証しようとしたのではないでしょうか。

編：なるほどねぇ。異議申立てや無効審判といった、権利者への直接的なアクションで識別力がないことを確認するのが王道なのだと思います。しかし、直接ケンカを売らずして、先行商標に識別力がないことを確認する手段として、「ハウスマーク＋識別力が微妙な商標」が活用できるわけですね。

友：先行登録商標の効力を、「実質的にツブす」戦術といえるでしょう。

編：ハウスマーク付きの登録商標には、「識別力の微妙な商標」を巡る、先行権利者と、後発使用者の、お互いのにらみ合い、化かし合いの意図が込められているのですね！

3．どう活用する？　刊行物等の提出による情報提供制度

商標出願情報を眺めていると、「こんな商標が登録になったら困るんだよなぁ」と思わざるを得ない商標が第三者によって出願されているのを見つけることがある。そんなとき、どのように行動すべきだろうか。審査官の判断を信じて、何もせずに審査経過を見守っておけばいいだろうか。
　それとも……。
　今回は、積極的に他人の商標登録を阻止したいアナタのための談義である。

① 情報提供って、どのくらい活用されているの？

編：商標登録出願に関する「刊行物等提出による情報提供」制度とは、出願中の商標が登録されるべきではないと思われるとき、その旨を示す刊行物等を誰でも特許庁に提出でき、審査官はそれを審査の参考にできるというものですね。

友：商標法上には規定がないせいか、頻繁に活用している人もいれば、ほとんど使っていない人もいるという状況にあるようです。

編：商標法施行規則19条に「何人も、特許庁長官に対し……商標登録出願に関し……登録することができないものである旨の情報を提供することができる」とあります。

友：諸外国でも、米国、中国、韓国等、情報提供に類する手続きが可能な国はあります。条文上の規定はないものの、運用で認められているという国も少なくありません。

編：日本では、いったいどのくらい活用されているのでしょうか？

友：特許庁によると、年間600～1000件程度とされています[※1]。一方、特許法施行規則に基づく情報提供は年間約5000件前後で推移しているとのことです[※2]。

編：出願数の差（特許は年間約30万件、商標は約15万件）を考慮しても、特許への情報提供件数に比べると少ないのですね。

友：発明や技術に関する情報は、公知といってもそれほど広くはオープンになっていないことが多く、当業者や専門家でないと知り得ないものも多いですから、利害関係者が情報提供によって審査を補助する風土が根付いているのかもしれません。

　一方、商標に関する情報は一般的に取得しやすいことから、情報提供に頼らずとも安定的な審査が期待できると考えられがちです。それが活用頻度の差に表れているのではないでしょうか。

編：確かに、技術情報は、専門誌や学会など、審査官が把握しにくいと思われるクローズドな環境で公知になっていることも多いです。辞書や一般紙、あるいはインターネットなどからかなりの情報が得られる商標とは事情が違うのでしょう。

　そうすると、商標に関しては情報提供制度の必要性は高くないということでしょうか？

友：そんなことはありません。情報提供制度を上手に活用すれば、効率的に第三者の商標登録を阻止することができますから、使い方をマスターしておく価値は十分にあると思います。

編：では、どんなときに情報提供を検討すべきでしょうか？

友：端的に言えば、審査官が知らなそう、もしくは気付かなそうな拒絶理由を把握しているときです。

編：つまり、特許出願に関する情報提供と同じですね。しかし、先ほどのお話だと、商標に関してはそのようなシチュエーションはあまりないのでは？

友：特許と比べると少ないことは確かですが、意外とあるんです。商標出願の審査には、その商標の識別力に関することや、先行商標との類似性、他人の商品との混同可能性、品質誤認可能性、他人の商標の周知性などに関する評価が必要です。

　それらは、一般常識や社会通念などに基づいて評価できることももちろんありますが、一方で業界に特有の用語やトレンド、取引の実情、あるいは出願経緯などの個別の事情を知らなければ、正確な評価ができないことも少なくないのです。

編：ふむ。言われてみれば、一般的な認識とまではいえなくとも、「ある業界で働く人にとってはありふれたキーワード」だったり、「ある商品の需要者の間では紛らわしい」といったような状況は、どの商品分野においても少なからずありますね。

3．どう活用する？　刊行物等の提出による情報提供制度

友：例えば、識別力の評価に関して、一般的な辞書やメディアには載っていないけど、業界専門誌では品質表示語として頻出しているような標章が商標出願された場合、その業界の関係者は、その商標の識別力を否定する根拠として、専門誌の情報を提供する価値がある、といってもいいのではないでしょうか。

　まぁ、実際には業界専門誌に載る用語くらいなら審査官も注意していることが多いでしょうし、また、そのくらいの審査は期待したいところですが。

編：さりげなく審査への注文を忍ばせますね……。

友：それから、登録が認められるか認められないかが微妙そうな、いわゆるボーダーライン上にある商標が出願されることもしばしばあります。

　そうした事案に関しては、判断のための材料が多ければ多いほど確度の高い審査につながります。「職権調査に頼っていたら、どっちに転ぶか分からないぞ」と思ったら、情報提供を行うことで、その業界の商慣行や取引の実情に見合った正確な審査がなされることが期待できます。

② こんな情報提供は審査官に嫌われる！？

編：そう考えると、案外、情報提供制度が本領を発揮する場面は多そうですね。実際に情報提供する際に気を付けることはありますか？

友：基本ですが、「審査官が知らなそう、気付かなそうな、根拠のしっかりとした刊行物等による情報」の提供に注力することに尽きます。意外とこの基本からズレた情報提供をする人が多いのです。

編：ズレた情報提供といいますと？

友：まず、「それは審査官も知っているだろう、気付くだろう」というような情報を提供してしまう。『広辞苑』の写しとか、ちょっと検索した程度のインターネット情報の写し、過去の審決例などですね。それらについては情報提供する意味が乏しいと思います。

編：実害はなさそうなので、一応、提供するだけ提供してもいいような気もしますが……。

友：そうなんですけど、私が審査官だったら「お前に教えてもらわんでも分かっとるわ！」という気持ちになります（あくまで想像）。

第4章 商標制度の乗りこなし方を語ろう！

広辞苑は持ってる☆

※想像です

編：読み手の気持ちになって情報提供するのは確かに大事ですが……。

友：それから「根拠のしっかりしていない刊行物等による情報」を提供してしまう。信頼性の低いインターネット上の書き込みの写しや、趣旨から外れた刊行物等ですね。

編：これはまぁ、確かに論外といえるでしょうか。

友：あとは「提出の理由」の文章がダラダラ長いのもイヤだなぁ。もちろん、丁寧な説明をしないと、情報提供の趣旨が分かってもらえないこともありますが、もはや「情報提供」の域を越えて、自説の開陳になっているケースがしばしば見られます。私が審査官だったら「こういうことは異議申立てでヤレやっ！」という気持ちになります（あくまで想像）。

編：「想像」の話が多いなぁ。

友：重要なのは、「これは審査官は知り得ないだろう」という、信頼性の高い情報をシンプルに分かりやすく提示してあげることです。

あまり出回っていない刊行物、市販されていないカタログやパンフレット、取引書類の写し等の証明書類あたりは、比較的採用されやすいように思います。

編：確かに審査便覧でも、審査で採用されるのは、「職権による調査では知り得ることのできなかった情報であり、客観的にその提出書類により証明しようとしている事実の存在について確信を得ることができる」情報だと明記されています（商標審査便覧89.01）。

知られざる情報こそ重宝されるものですし、提出する意味があるというわけですね。

3. どう活用する？　刊行物等の提出による情報提供制度

友：情報提供制度は、いわゆる「悪意の商標出願」の登録を阻止する手段として最も有効に活用できます。出願の経緯に不正や悪意があるため、取引秩序や道徳観念に反するという観点で商標法4条1項7号に該当すると思われる商標の場合、その不正さや悪質さは、それこそ当事者の申立てがないと全く気付かれないことが多いでしょう。

編：例えば、ライセンシーやフランチャイジーが、本来の商標オーナーであるハズのライセンサーやフランチャイザーの商標を、正当な理由なく勝手に出願してしまうようなシチュエーションですね。

友：周知著名商標が、どう見ても無関係の他人に出願されていれば、審査官も警戒するでしょうが、普通は、審査官は出願経緯の不自然さに気付かず、登録査定を出してしまうと思います。

　ですから、本来の商標オーナーが情報提供者となって、自分こそが正当なオーナーであることを示す資料や、不正に出願された経緯が分かるような資料（出願人との取引書類や、やり取りの記録など）を提出することが、登録阻止のためには大事なのです。

③ 情報提供のメリットとは

編：しかし、待ってくださいよ。よく考えたら、第三者の邪魔な商標登録を排除するためには、情報提供に頼らずとも、審査官の判断に委ねた上で、期待に反して登録されてしまった場合に異議申立てをするという手もありますよね。

　わざわざ情報提供するメリットとはなんでしょう？

友：まずはコストメリットでしょう。異議申立てには印紙代がかかりますが、情報提供にはそれが必要ありません。

代理人に手続きを依頼するなら、情報提供でも異議申立てでも代理人への手数料はかかると思いますが、異議申立ての手数料より安い額を設定している特許事務所も少なくありません。

編：例えば、異議申立ての手数料が20万円に対して、情報提供は10万円という料金設定例が見受けられます。

友：また、代理人に手続きを委任する必要性も、異議申立てに比べれば低いです。

　情報提供制度は、これまで述べたように審査官が知り得ない情報を提出して、審査の参考に活用してもらうという趣旨の制度ですので、条文への当てはめについては、それほど丁寧に理論構築して作文する必要はありません。

　あくまで「刊行物等による情報」が主ですから、情報を握っている本人が書類を作成して提出できる場合も多いと思います。INPITなどに相談して、自力で提出したという話も結構聞きますよ。

　もちろん、審査に活用できる情報かどうかの精査に当たって、代理人の助言を受ける意義はありますが。

編：もし情報提供者自らが書類の提出手続きをすれば、手続き費用としてはタダですね。

友：実費として紙代と郵便代くらい？それから、異議申立てとは異なり、匿名で手続きができるというメリットも重要です。

編：提出者の住所や氏名の記載を省略できるんですよね。

友：そのため、例えば出願人と情報提供者の間に、取引関係などの何らかのしがらみがあったとしても、遠慮せずに情報提供を行うことができます。

　まぁ、他人の商標に対する便乗出願や、横取り的な不正出願に対する情報提供だと、利害関係者による提出だということは簡単にバレますが。識別力がないといった内容の情報提供なら、誰が提出したかは分からないでしょう。

編：では、情報提供のデメリットは何か考えられますか？

友：あまりないと思います。特許出願に対する情報提供であれば、情報提供によって拒絶理由が示唆された場合、出願人はこれに対抗して出願を補正することで拒絶理由を排すことができます。

　結果として、無効性のない強い特許が成立してしまうことがあるでしょう。これはデメリットといえばデメリットです。

編：かえって敵に塩を送るような格好になるわけですね。商標ではそのようなことはない？

友：商標の場合は、想定される拒絶理由にもよりますが、補正で拒絶理由を解消できる余地が特許よりは少ないですから、デメリットにはなりにくいでしょう。

編：なるほど！　情報提供は良いことずくめというお考えですね。

友：なんといっても、情報提供が奏功すれば、権利付与前に邪魔な商標出願を排除できるという点が最大のメリットです。

　いったん、ある商標が第三者に商標登録されてしまった場合、そこに無効性を主張できる余地があったとしても、現実的にはその商標の使用を躊躇するなど、商標権者への配慮が生まれてしまうことは多いですから。

編：曲がりなりにも登録が認められている商標権に対して、無効性を争うのは、それなりに勇気が要りますからね。

友：その勇気を振り絞る必要もなく、気軽に登録を阻止するためのアクションとして活用できる制度です。質の高い情報提供は、審査の質も高めることになりますので、まだやったことのない方は検討してみてはいかがでしょうか。

　でも私が関わっている出願には情報提供しないでほしいですネ！

編：自分勝手ですネ！

※1　特許庁審査業務部商標課長　根岸克弘「最近の商標制度をめぐる動向と施策の紹介」2023年7月26日 p.11 https://www.wipo.int/edocs/mdocs/mdocs/ja/wipo_webinar_wjo_2023_13/wipo_webinar_wjo_2023_13_1.pdf（2024年7月17日アクセス）

※2　特許庁「情報提供制度について」https://www.jpo.go.jp/system/patent/shinsa/johotekyo/index.html（2024年7月17日アクセス）

4．存在意義は？　どう使いこなす！？　®マークの謎

登録商標であることを示す®マーク、あなたは付けますか？　付けませんか？
みんな付けているからなんとなく付けている。付けると「公的に認められた」という雰囲気が出るから付けている。でも付けてもあまり意味はないらしい。勝手に付けていると違法になる場合もあるらしい……。
さまざまな憶測が飛び交う®マーク、どう使いこなすのが正解？

① ®マークの存在意義とは？

友：「®マーク」とは、"Registered trademark"の略で、その表示が「登録商標」であることを意味する記号です。
　商標業務に携わっていれば、その意味はご存じの方が多いと思いますが、実は商標法には、何も規定されていないんです。

編：えっ、そうなの！？

友：商標法73条には「商標権者、専用使用権者又は通常使用権者は、……登録商標を付するとき……その商標にその商標が登録商標である旨の表示（以下「商標登録表示」という。）を付するように努めなければならない」とあります。

編：その「商標登録表示」が®マークなんじゃないの？

友：これは商標法施行規則17条に規定があり、それによれば「商標法第73条の商標登録表示は、『登録商標』の文字及びその登録番号又は国際登録の番号とする」とあります。つまり、我が国オフィシャルの「商標登録表示」は「登録商標第〇〇〇〇〇号」という、番号の表示なんですね。

編：®マークじゃないんだ！　確かに、たま〜に丁寧に「登録商標第〇〇〇〇〇号」と番号が書いてある商品パッケージを見かけるけど、少数派な気がします。

友：一応、73条の文言上、この登録商標表示を付すことは法律上の努力義務なんですけどね。形骸化しているといっていいでしょう。

編：ただでさえ法定表示が多いのに、長ったらしい商標登録番号まで書いていられないのが正直なところ……という事業者は多そうです。

友：対して、Ⓡマークなら1文字の記号で済みますからね。こっちのほうが主流です。

編：でも結局、Ⓡマークは、日本の商標法上「商標登録表示」じゃないから、これも別に義務ではないんですよね。

友：そういうことです。

編：世の中には登録商標がゴマンとありますが、Ⓡマークが付いている商標もあれば、付いていない商標もあります。Ⓡマークを付けることに、いったい何の意味があるんですかね？ 付ける企業には何か目的があるんですか？

友：実際は深くは考えずに、付けたり付けなかったりしているケースも多いかもしれませんね……。私は、Ⓡマークの主たる存在意義は、「その商標が登録商標であり、法的に保護されたブランドであることの自己主張、自己アピール」に尽きると思います。

そのようなアピールに値する商標か否か？ という点が、Ⓡマーク付与の判断基準だと思います。

編：自己主張、自己アピール……。

なんか、そういわれるとたいしたことないというか、付けても付けなくてもどっちでもいいような気もしますが……。

友：これといった法的効果はないので、「たいしたことない」という評価はある意味で的を射ています。Ⓡマークの有無にかかわらず、登録商標は登録商標であり、権利としての効力に差はありません。

編：法的義務もなければ、法的効果もない。ではⓇマークを付けるメリットって何なのでしょう？

友：一つには、無断使用に対する牽制でしょう。Ⓡマークを付けることによって、「これは我が社の登録商標だぞ、勝手に使うな！」という意思表示をスマートに行うことができます。

編：なるほど。「無断使用厳禁！」と書いてもいいけど、まぁ、直接的で品がないですからね。

友：登録商標である旨を周囲に知らしめることによって、他人の使用をためらわせる効果があるのです。単なる自己主張とはいえ、これは案外バカにできませんよ。

② どんな商標に®マークを付けるべき？

編：®マークの存在意義が、登録商標であることのアピール、無断使用への牽制だとすれば、®マークを付けるべき商標って、いったいどういう商標なんでしょう？

友：例えば、TOYOTAやアップルのりんごマークには、®マークが付いていませんね。

編：確かに、あんなに大ブランドなのに、付いていない……。

友：Amazon、Google、メルセデス・ベンツ、ナイキ、ルイ・ヴィトン、ディズニー、日産……どのブランドも、®マークは基本的に付けていないようです。

編：商標の親分みたいな存在なのに……なぜ……？

友：正確なところは分かりませんが、ひとつ言えるのは、こうした一流ブランドは、誰がどう見ても立派な商標であることが明らかです。だから、わざわざ®マークを付けて登録商標であることをアピールする必要がないと考えているのではないでしょうか。

編：無断使用しちゃいけないのも、当然という感じがいたしますな。

友：逆に言えば、一見すると登録商標とは理解されにくい商標こそ、®マークを付けて登録商標であることをアピールしたり、無断使用を牽制する価値があるのです。

編：登録商標であることが理解されにくい登録商標……。

友：例えば、登録商標には「普通名称化」という問題があります。

編：登録商標であっても、事実上、それが普通名称であるという認識が世の中に広まれば、その商標権は効力が失われるというヤツですね。

友：だから、普通名称化の懸念のある登録商標の権利者は、これを抑止するために、積極的に®マークを付けて、それが自己の登録商標であることを世間に知らしめようとしています。例えば「レゴ」や「セロテープ」などは、普通名称と思われることもある登録商標ですが、®マークや登録商標である旨の注記などを活用したことで、今や固有のブランドという認知のほうが確立しているように思います。

編：なるほど。まぁ、普通名称化の懸念があるような、歴史のあるブランドを保有している大企業は、®マークの使い方を心得ているかもしれませんが、普通の企業にはあまり関係なさそうですかね？

③ 識別力の微妙な商標が登録になったら……

友：そんなことはないですよ。確かに「商標の普通名称化」というと、一部の老舗ブランドが抱える問題というイメージはありますが、どんな商標権者にも身近な問題です。そもそも、出願時点から、「コレ、識別力がビミョーかなぁ？」と言うべき商標に登録査定が下りるときがあるじゃないですか。

編：たまにありますね。ダメ元の出願がアッサリ通っちゃうとき。

友：このとき、「登録になったぞ！やった！」と浮かれているようではいけません。出願人が「識別力はビミョーかも」と思う程度の商標は、需要者だって、それが商標だなんて思っちゃくれないんです。

編：厳しい指摘です。

友：それが「たまたま」商標登録されたんです。そんなもんは、すぐに「一応、商標登録されているけど、実質的には識別力がない商標」になってしまいますよ。すると、どういうことが起こるでしょうか？

編：誰も商標だなんて思っていなければ、みんな普通名称であるかのように使用するでしょうし、競合他社も、悪気なく商標として使用してしまうこともありそうです。

それに対して権利行使しても、無効審判を提起されてアッサリ無効にされたり、裁判でも非常に狭い権利しか認められなかったりといった事態に陥ってしまう……。

友：そう。最初から識別力の弱い登録商標は、放っておけばすぐに「使えない商標」になります。登録するだけではダメで、それを「商標」として認めてもらえるように、育てていかないといけないのです。

そのための手段の一つが、Ⓡマークによる「登録商標であることのアピール」です。

編：これは登録商標だよ！　ってわざわざ言わないと、気が付いてもらえないんですね。

友：もっとも、漫然と登録商標にⓇマークを付けているだけでは足りません。商標権者自身が誠実に自己の商標として使用し続けることで、実質的に商標としての認識を広めていくことが大事です。

たまに、商標権者自身も一般名称や品質等の説明の表示として、一環でその商標を使用するにとどまり、そこにⓇマークを付けているだけという場面が見受けられますが、これは無意味。

4．存在意義は？　どう使いこなす！？　Ⓡマークの謎

　例えば、美顔ローラーを指定商品とした「リフトアップ」を商標登録できたとして、広告で「毎日『○○○』を使ってリフトアップⓇしましょう！」とうたったところで、「商標登録されているらしいが、一般用語として使われている」という認識にしかなりません。

編：識別力の微妙な商標は、ただ登録してⓇマークを付けるだけではダメなんですね……。

友：そのとおり。商標登録はゴールではなく、スタートなんです。出願前からあちこちで使われている表現、識別力のない語同士の組み合わせ、造語なんだけど商品の性質や内容について暗示させる言葉……。

　こういった商標が登録になったときは、登録になったからといって気を緩めることなく、「使い方」を工夫する必要があるのです。Ⓡマークを付けることは、その一歩に過ぎないと考えるべきです。

④ 商標が流行語になり始めたら……

友：それから、商標が流行してきたときにもⓇマークの付与を検討したほうがいいです。

編：流行……？　単に売れるということではなくて？

友：単にヒット商品になるなら、その商標は商標として周知になるからいいのです。流行化とは、本来の商品の出所から離れてもてはやされる状態です。例えば、ある特定の商品名だったものが、商品を離れたところで人気に火がついてキャラクター化したり、特定の商品名だったものが、「時代の象徴」「社会を映す鏡」のように大げさなくくりで紹介されたりする。

編：いわゆる、「独り歩き」ってヤツですね。

友：言い換えれば「本来の出所との結び付きの希薄化」です。さまざまな場面で元の商品とは無関係に商標が使われていき、行き着く先は識別力の喪失です。

編：そうなる前に、商標担当者は警鐘を鳴らさないといけないということですか。

友：みんなが浮かれているときこそ、「その商標が特定の出所と結び付いている、地に足の着いたブランドなんだ」という情報を戦略的に発信することが大事です。

⑤ Ⓡマークを付けないほうがいい場合

編：逆にⓇマークを付けないほうがいい場面はありますか？

友：商品の海外輸出などがあるときは慎重になります。当該国でその商標が登録商標でなければ、原則としてⓇマークは付けられません。輸出国において、虚偽表示との指摘を受けかねないからです。

　もっとも、国境を越えたボーダーレスな取引が当たり前の現代において、Ⓡマークを付した商品が未登録国で売られることは珍しくなく、積極的に登録商標と偽る意図でもない限り、摘発例はあまり聞かれないのが実際のところですが……。

編：ともあれ、海外展開をする企業にとっては気になるところです。

友：無難にいくなら、ⓇマークではなくTMマークを活用するのがいいでしょう。「TM」は「Trade Mark」の略で、登録されているか否かにかかわらず、「商標」との自任に基づいて使用できます。

編：「TM」には「登録」のニュアンスがないので、虚偽表示を気にせずにブランドであることのPRをしたいときには、使い勝手がよさそうです。

友：あと、いくら知財部門が「Ⓡマークを付けたほうがいいよ！」と言っても、開発や広告部門が難色を示す場合があります。「Ⓡマークがデザイン性を損なう」という意見が結構あって……。

編：へぇ！　そうなのかぁ。

4．存在意義は？　どう使いこなす！？　Ⓡマークの謎

友：デザイン性と言われるとこっちも「Ⓡマークが付いていたとしてもカッコ良い！」とは言いにくいんですよねぇ。それに実際、アパレルや化粧品など、デザイン性が重視される商品を見ると、あまりⓇマークが付いていないんですよね。

編：アパレルや化粧品のブランドは、識別力の弱い商標はあまり採用せず、いかにもブランドっぽい商標がよく使われますから、そもそもⓇマークを付ける必要性が低いという見方もできそうですが。

友：確かに。一方、オシャレ系商材でも、機能性を分かりやすく打ち出した商標には、識別力を喪失しやすい語が採用されることもあります。まぁ、デザイン性と商標保護のバランスを、ケース・バイ・ケースで検討していくことでしょう。

編：知財部門からⓇマークの使用を押し付ける必要はない？

友：本当に普通名称化のリスクがあるような場合、ルール化したほうがいいこともありますが、そこも含めて場合によるでしょうね。まぁ実際、広告やプレスリリースなどで、複数の登録商標が文中に出てくるときに、Ⓡマークが大量に連続すると読みにくいんですよね。

編：文末や脚注で「○○、△△は当社の登録商標です」とまとめる手もありそうです。

友：そうですね。ブランド力の維持は、知財部門だけでなく、どの社員にとっても重要なハズ。Ⓡマークに固執せず、みんなで知恵を絞って最適なブランドPRを実現してほしいですね！

5．どこまで意識すべき？　不使用商標取り消しリスク

　知的財産権の中でも商標権に特有のルールが「不使用による権利の取消制度」だ。
　これは、特許や著作権などの担当者からすれば不可解である。「一定期間使わないと権利がなくなる……お前はポイントカードかっ！？」。そんな悲痛な叫びが今日もどこかの企業の知財部でこだましていることだろう。小憎らしい不使用取消審判制度と、どのように付き合っていけばいいのだろうか？

①　不使用取消審判制度は不可解か？

編：商標を一定期間（日本の商標法では継続して3年以上）使用していないことが、商標権の取消事由になるというのは、ちょっと不可解なんですよね……。

友：そうおっしゃる方もおられますが、理屈はあります。商標法は、商標が使用されることで蓄積された信用を保護するものだから、不使用によって信用が消滅した商標を保護する道理がないのです。

編：うーん、なるほど。

友：また、商標権は更新し続ければ半永久的に有効です。でも、先に登録されたというだけの不使用商標にいつまでも独占権を与え続けることと、その商標を現に使用したい者に商標権を与えることと、どちらを優先すべきかというと、それは後者であるという考え方も反映されているでしょう。

編：日本の商標制度は先願主義ですが、行き過ぎた「取ったモン勝ち」に歯止めをかける役割を果たしているということですね。
　しかし、ならばポイントカードはなぜ一定期間使用しないとためたポイントが抹消されることが多いのでしょうか？　10年間ポイントをためたまま放置しても、店にも他の客にも迷惑をかけてないじゃないですか！　おかしいよ！

友：知りません。確かに、日本や多くの国の商標制度は先願主義ですが、その前提には「使用によって商標に宿った信用を保護する」という考え方があります。商標制度の本質は「使用主義」と考えるのがいいでしょう。だからこそ、使用されていない商標は取り消すという制度設計になっているのです。

編：よく分かりました。しかし、商標権者としては、第三者から取消審判請求を提起された場合、取り消しを免れるために対応を余儀なくされますから、ボヤく気持ちも分かっていただきたいのです。

友：もちろん！ 私だって、取消審判を受けたことなんて何度もありますから……。

編：取消審判請求を受けたとき、もし、対象商標を全く使っていなかったら、おとなしく諦めるしかないんでしょうか……？

友：基本的にはそうですが、使用していないにもかかわらず、取り消しを免れるための裏技（？）として、審判請求人と交渉し、請求を取り下げてもらう手もあります。

編：そ、そんなことが可能なの？

友：審判請求人が、不使用取消審判請求を行う動機は、十中八九、取り消し対象の商標と同一・類似商標を使用したい、登録したいからです。ライセンスや、コンセントに応じるなどして、その希望をかなえてあげれば、請求を取り下げてくれる可能性はあります。

編：なるほど……。確かに現実には「3年間使ってなかったけど、実は来年使う予定があるから取り消されたら困るんだ」ってこともあると思うんですよ。それを正直に審判請求人に告白して、請求を取り下げてもらうわけですね。

友：そうですね。まぁ、私だったら、不使用状態であることは伏せて、「こちらから使用を証明する答弁書を出してもいいのですが、お互い費用と労力をかけるより、〇〇円でライセンスしまっせ」と持ち掛けるかもしれません。

編：汚いオトナっスね……。

友：自己責任でね。ウマくいくかは分かりませんよ。

② 求められる使用証拠が厳しいっ！

編：3年以内の使用実績があれば、その使用を立証することで、取り消しを免れることができますよね。

友：そうです。商品や看板の写真、カタログや取引書類の写しなどを提出することが多いですね。

編：そのときに求められる「使用」の要件って、結構厳格ですよね？

友：それはそうかも。立証のポイントは3つあります。

(1) **登録商標と同一、または社会通念上同一と認められる商標を使用していなければならない。**

(2) **登録商標の指定商品または指定役務について商標を使用していなければならない。**

(3) **商標権者、専用使用権者または通常使用権者が商標を使用していなければならない。**

(1)では、登録商標と使用商標の同一性が問われます。登録商標と使用商標の間でデザインが顕著に異なっていたり、商標の前後に別の要素が追加されていたり、文字種（カナ、アルファベット）が変更されることで異なる称呼や観念が生じ得る場合、「登録商標の使用」とは認められないことが多々あります。登録商標に「類似する商標」を使用していたとしても、取り消されてしまうんですね。

編：これは厳しい！ どんな商標だって、何年も何十年も使っていればデザインや表記は移り変わっていくものだし、態様が変わったとしても、そこに蓄積された信用は引き継がれていくのに……。

友：(2)は、登録商標の指定商品と、商標を使用している商品の同一性です。こちらも、「類似商標」への使用では取り消しを免れません。例えば、指定商品が「シャンプー」で、使用商品が「ボディーソープ」だったとしたら、登録商標は取り消されてしまうでしょう。

編：これも厳しい！！ 時代に応じて商品内容が変化、拡張することは十分あり得るのに……。

友：(3)は、商標の使用者が誰かという問題。商標権者自身が使用せず、他人に使わせていた場合、その他人が使用権者であり、その人の使用を証明する必要があります。

編：これもキビシィーッ！！！ 契約書を交わさずに使用させることだってあるし、そもそも、使用権者が取消審判対応に協力してくれなかったらどうするんだ！？

友：……といった感じで、商標権者側は「使用しているつもり」でも、それが認められないということもあるのです。

それから、要証期間内（審判請求登録日から過去3年以内）の使用であることの証明も、案外難しいんだよなぁ。つまり、単に商品や看板自体の写真を撮って提出しても、それがいつ販売・営業されていたかの証拠にはなりにくいんですよ。

編：なるほど。「今日撮った写真」じゃ意味ないし、「1年前の写真」でも、本当にいつ撮られたものか、商品が販売や広告されたのかは必ずしも証明できないのか。

友：取引伝票や、カタログなどの納品書、開催日の証明が容易なイベントの出展を報じる記事など、日付が分かる証拠が必要です。

編：結構、面倒クサいですねぇ……。

友：一方、これらの要件について証明できれば、使用態様については、比較的問われにくいです。商標権侵害の成否を検討する場面では、商標の使用行為が「商標としての使用」に当たるかどうかは厳格に検討されますが……。

編：「商標としての使用」でなければ、非侵害の判断ですよね。

友：対して、不使用取消審判の場面においては、「指定商品又は指定役務について何らかの態様で使用されていれば足りる」と判示した裁判例もあります。

ただ、あまりにも形式的な使用では認められず、「商標としての使用として認識される余地がある」程度の使用実績は求められる傾向にあるようです。

③ 登録商標をメンテナンスしよう！

編：いずれにせよ、商標権者としては「使っている（と自任している）のに取り消されてしまう」ことだけはなんとか避けたいところです。どんな工夫が必要でしょうか？

友：これは、一にも二にも登録商標のメンテナンスが肝心です。(1)の、登録商標と使用商標の同一性の維持についてですが、先ほど話に出たように、使用商標のデザインは、時代の変化に応じて徐々に変わっていくものです。

　一方、登録商標は、一回登録されたらずっとそのまんまということが多いのですが、これはアブナい。

編：老舗企業の登録商標を眺めていると、昭和時代、明治時代から続く古めかしい態様の登録商標をずっと大事に更新し続けているけど、よく見るとその1件しか保有していない……ということがあります。

友：「大丈夫か？」とハラハラします。定期的に登録商標の棚卸しと使用商標のチェックをして、使用態様とズレているものがあれば再出願をすべきです。

編：使用態様を決定する事業部門との意思疎通も大事そうですね。

友：(2)の、指定商品と使用商品が一致するか（ないし使用商品が指定商品に含まれるか）ですが、これも登録商標を使用する商品・役務が変化するなら、遅滞なく、それに応じた再出願や追加出願をすることです。

編：ラーメン店が、同じ商標でバーに業態を変更するような場合？

友：そうそう。そのとき、「ラーメンの提供」という指定役務についての商標登録しかなかったらマズい。そのバーでラーメンを提供していなければ、取消審判に対抗するのは難しいでしょう。「バーにおける飲食物の提供」や、包括表示である「飲食物の提供」を指定役務として再出願すべきです。

編：ラーメン店がバーに業態変更するなら、商標も変えるべきでしょ。

友：アンタが挙げた例だろ！　別にいいだろ「家系 BAR 来々軒」でも！あと、そもそも最初の出願時点で、指定商品・役務の選定がズレていることもあるんですよ。

編：そんな間違いを犯しますかね？ラーメン店を開業するというのに、指定役務を「バーにおける飲食物の提供」にはしないと思いますが。

友：それはやらないと思うけど、専門性の高い商品や前例のないサービスだったらどうでしょう。商品・役務の内容は把握していても、政令で定める商品・役務区分や、指定商品記述に適切に当てはめるのが難しいのです。

編：確かに、例えば「玄関先に置いておくだけでお金がたまるパワーストーン」とか、「宝くじの当選番号を予測する機器」とか、「身長を高く見せるために靴の中に仕込む上げ底」とか、第何類に属する商品だか即断しかねますね！

友：なんでどれも怪しい雑誌の怪しい広告ページに載っているような商品なんだよ！　でも、確かにその手の商品は、総じて適切な指定商品を書くのが難しいかな？　こういう商品の商標を出願する場合、「パワーストーンは『ストーン』だから第19類『石材』でいいか」「『上げ底』は第25類『かかと』でいいか」などと判断してしまう人もいるでしょう。登録にはなると思いますが、いざ取消審判が提起されたときに、審判官から「指定商品と使用商品が異なる」と判断されてしまうおそれがあります。

編：「えぇ！　最初から間違えてたの！？」って気付いた時にはショックでしょうね……。あと、権利行使の場面でも困りそう。

友：そのとおり。無断使用に権利行使しようとしたら、前提となる商標権の権利範囲がズレてるわけですから……。商品・役務の内容や特徴を十分に理解し、出願前に代理人とよく相談して、適切な商品区分と指定商品を熟慮すべきです。

5．どこまで意識すべき？　不使用商標取り消しリスク

編：ひと手間かかるとしても、感覚的な判断で指定商品を決定して、後で泣くよりはずっといいですね。
　最後に(3)に関して、商標権者自身は使用せず、ライセンシー（使用権者）が使用している場合、使用証明に当たっては、ライセンシーの協力を取り付けるのがハードルです。しかし、よく考えると、ライセンシーだって、商標権が取り消されると困るわけだから、協力を惜しまないのでは？

友：ライセンシーが商標を使用中であればそのとおりです。仮に、口約束でのライセンスで契約書がなかったとしても、使用権者であることを証明してくれると思います。事後的に契約書を締結してもいいわけですしね。問題は、ライセンシーが既に商標の使用を終了している場合です。例えば、「2年前にライセンシーが使用していた証拠を出さないと、使用証明ができない」というシチュエーションではどうでしょう。

編：……その場合、2年前にライセンシーだった企業に、使用証明の協力を依頼する必要がありますね。

友：相手からすると、「2年も前に契約が切れている会社の、会ったこともない知財部の人が突然来て、商標がどうのと言いながら2年も前のカタログや取引伝票の提供を要求してくる」という事態です。

編：……それはウザいですね。

友：ですから、ライセンシーとは、契約終了から3年間は良好な関係を維持しなければなりません。もっと言えば、ライセンス時にきちんと契約書を交わし、そこで契約終了後3年間は取消審判に対する協力義務を課すのが望ましいです。

編：なるほどねぇ。登録商標のメンテナンスから、ライセンス契約における手当てまで、普段から、取消審判を想定した準備が必要だということが分かりました。

友：そのとおりです。取消審判請求の対象になることは、しょっちゅうあるわけではありません。しかし、いざというときに、取り消されたくない商標をしっかり維持できるよう、備えましょう。
　あとは、私が開発した、玄関先に置いておくだけであらゆる審判で勝てるようになるパワーストーン「シンパン・de・カテ〜ル®」を10万円で買うことです！

編：そ、それは何類の商品？
　……じゃなくて、誰か、今すぐこのフザケた商標に取消審判請求してくれ！

6．使い勝手はどうなの？　マドプロによる国際出願

　商標の国際登録制度である「マドリッド協定議定書に基づく国際登録」（以下、「マドプロ」）。
　安価で効率良く海外に商標出願ができる仕組み、という触れ込みで、海外進出を考える日本企業にとっては気になる存在だ。
　果たして、企業にとってマドプロは本当に使いやすいのか？　どんなメリット、デメリットがあるのか？　ざっくばらんに語ってみよう。

① データで見るマドプロの特徴

編：WIPOが公開しているデータによると、日本からのマドプロ出願は、近年（本書執筆時基準）は年間約3000件程度で推移しており、利用国別ランキングでもトップ10には入っています。比較的、日本企業に利用されている印象です。

友：感慨深いですね。日本がマドプロに加盟し、発効したのは2000年。これは、アジアの中では早く、中国（1995年）、北朝鮮（1996年）に続いて3番目です。

編：北朝鮮が意外と早い！（ただし、国家として承認していないため、日本から北朝鮮を指定国とすることはできない）

友：北朝鮮からのマドプロ出願は年間10件前後あるようです。
　それはさておき、実は、かつては日本企業のマドプロ利用率はそんなに高くなかったのです。2010年代後半になってから急速に伸びてきました。
　この時期、急に日本企業のグローバル化が進んだというわけではないと思いますから、WIPOのPR活動などが効いた結果かなと思います。

編：日本企業がマドプロの魅力に気が付いた……とも言えそうですね。実際の使い勝手は、どんな感じなんでしょうか？

友：そうですねぇ。簡単な手続きで、スピーディーに世界各国で商標の保護が実現できる。各国に出願するより費用もかからない。手続きも一括で行える。そんなメリットがうたわれていますが、各企業の海外事業のスタイルや知財部門の体制によって、合う・合わないがあります。メリットだけに注目するのではなく、マドプロの制度が自社にマッチするかどうか、しっかり検討することが大事です。

編：実際の使い勝手や、どんな企業になら推奨できるか、そのあたりを詳しく聞きたいですね。

友：まず、マドプロの基本ですが、1つの商標を「国際登録」することによって、世界の複数国（指定国）において、その商標を保護できるという制度です。

編：思い切り基本の話からですね。

友：つまり、グローバルで統一された商標を使用するシチュエーションがなければ、マドプロ制度を利用する意味はあまりないでしょう。

編：それは、当たり前のような……。

友：実は、このシチュエーション自体がない日本企業が多いのです。というのも、日本企業が海外進出する際には、商標に「ローカライズ」を施すことが少なくありません。日本語の商標ではなく、進出先国の現地語に翻訳したり、現地になじみやすい別の表記や、全く別の商標を採用するケースが多いということです。

編：非日本語圏では、基本的に日本語は読めないもんね……。

友：基礎となる日本の商標が日本語商標だと、ちょっと活用できない。そこで多くの日本企業が脱落します。まぁ、これは中国や韓国の企業も同じ状況だと思いますが。

編：確かに、地域別のマドプロ利用者の割合を見ると、約8割が欧米というか、ラテン語系言語を公用語とする出願人が占めていますね。

友：ラテン語系商標の受容性はどの国でも高いですからね。

編：中国からのマドプロ出願は年間約5000件と日本よりも多いですが、中国国内での出願数が年間数百万件であることを思えば、やはり漢字圏のユーザーにとっての利用しにくさが表れているように思います。

② マドプロ出願が向いている業界、不向きな業界

友：逆に言えば、日本企業でも、日本において最初からラテン語由来の商標を採用していたり、文字を伴わない図形商標を使用したりしている企業であって、これをそのまま海外でも使用するのであれば、マドプロは選択肢になるでしょう。

編：SONY、UNIQLO、HONDA……そういう例も少なからずあります。

友：マドプロを比較的利用している日本、中国、韓国の企業を見てみると、自動車、ゲーム、化粧品、アパレルなどの業界が目立ちます。

編：確かにこれらの業界は、商標に日本語、漢字、ハングルなどを採用するイメージはあまりなく、英語やその他、ラテン語系の商標を採用している印象があります。

友：自動車やゲーム業界は昔から日本の代表的な産業で、最初から世界照準なところがありますからね。

編：化粧品やアパレルはラテン語系のほうがオシャレで高級感があるからかな。アパレルに関しては、ナイキやラコステしかり、図形のみのワンポイント商標も多いですね。

友：飲食料品や日用品メーカーは、日本国内の出願件数の多さに比べて、マドプロ利用率はかなり低いです。

編：食品や日用品は、日本語の商標のイメージが強いなぁ。

友：これらの業界が海外展開をしていないわけではなく、各国への直接出願が多いのです。やはり、国ごとに商標をローカライズする傾向が強いということでしょう。

マドプロに向いている業界・不向きな業界

「SOGA SOFT」　「毎日食品」

③ マドプロで出願するなら、何ヵ国からがお得？

友：あとは、海外展開が決まるタイミングも重要です。

編：それぞれの国で、いつ商品を発売するのかということですか？

友：はい。複数国への出願を一度にまとめて行うことができて、各国個別に出願するよりも費用を抑えられるのがマドプロのメリットです。ですから、複数国で一気に事業を開始する、いわゆる垂直立ち上げ型のビジネスとの相性が良いのです。

　一方、例えばまず韓国で売ってみて、成功したから次は中国進出、それがウマくいったら次は欧州で代理店を探して……というように、ジワ～ッと進出していく事業スタイルを展開するときには、やや使いにくいといえます。

編：一応「事後指定」という制度があって、国際登録した後に、指定国を追加することもできますが。

友：そうなんだけど、1ヵ国ずつ発売が決まっていくようなシチュエーションだと、その時々では1ヵ国ずつ直接出願したほうが合理的だという判断になりやすいです。あらかじめ「最終的には複数国で商標登録することになるだろう」と予想できていればいいのですが……。結果的に、直接出願で登録した国が多数に上って、後から振り返ったときに「マドプロのほうが得だし効率的だったな」と思うことはあるでしょう。

編：それはもったいない。

友：国によって各国個別出願にかかる費用は違うので一概にはいえませんが、3～4ヵ国以上まとめて出願するのであれば、マドプロのほうが安く済む場合が多いと思います。したがって、ある時点で、3～4ヵ国で商標登録が必要だと判断できる場合は、マドプロを検討する価値はあるでしょう。

　また、段階的に各国出願をして、結果的に登録国がかさんでしまった場合、機を捉えてマドプロで再出願し、各国登録を打ち切るという方策も一考に値します。各国登録を個別に更新するより更新料が安価になる場合があります。

編：3～4ヵ国で各国出願するなら、マドプロを検討すべし！　これは覚えておきたいですね。

友：ただ、日本企業の場合、その3～4ヵ国がマドプロ加盟国とは限らないんですよね。

編：なるほど。日本企業の海外進出といえば、まずはアジア方面が多いのではないかと思います。

友：ところが、アジアにはマドプロ非加盟国がまだ目立ちます。2020年前後に、タイ、インドネシア、マレーシア、パキスタンが加盟し、今後も増えていくでしょうが、本書執筆時現在、香港や台湾が欠けているのをネックに思う日本企業も多いでしょう。南米の国もまだ多くはありません。

　また、後述しますが、国によっては、マドプロと国内制度がミスマッチな国もあるので、この点も注意が必要です。欧州は東欧なども含めて加盟国が多いですね。

④ マドプロで出願、ここに注意！

編：実際にマドプロ出願をするときの注意点はありますか？

友：本国官庁（日本特許庁）を通して各指定国で保護を求められるので各国の代理人が不要となり、その分、出願費用が浮くのがマドプロのメリットの一つです。

　その裏返しとして、出願時に各国代理人の助言を受けられないため、登録性は自己責任で判断しなければならないという注意点があります。

編：そいつは心細いかも……。日本の代理人から助言を受けたり、出願前の調査を各国代理人に依頼するなどして、登録性を確認した上で出願することが重要そう。

友：そうですね。指定国官庁（指定各国の特許庁）から暫定的拒絶通報（拒絶理由通知）が発せられると、その対応は各国代理人に依頼することになります。

編：そこで代理人費用がかかるということか。つまり、指定国で拒絶されると、マドプロを選択して各国代理人費用を浮かせたメリットが薄まるといえますね。

友：コストメリットを重視するなら、マドプロは「確実にストレートで登録になるだろう」という案件で活用したいです。その際、気を付けたいのは指定商品・役務の翻訳です。日本では通用するものの、海外では受け入れられない商品・役務表示は少なくありません。

　何も考えずに基礎出願の指定商品をそのまま翻訳するのは慎重になったほうがいいでしょう。

WIPOでは、WIPO国際事務局で受け入れ可能で標準的な商品・役務表示の検索サイト（Madrid Goods and Services Manager）を提供しているので、このツール等を活用し、なるべく国際標準の表記で出願すべきでしょうね。

編：そうすると、WIPOの標準的な指定商品・役務表示ではカバーしにくい、ニッチな、あるいは斬新な商品についての商標出願には向かない？

友：向かないとは言いませんが、WIPOにおける欠陥通知や、指定国での暫定的拒絶通報を受けやすいとは言えるでしょう。日本では受け入れられる標準的な指定商品・役務表示でも、海外では広範過ぎる、不明瞭ということはしばしばあります。

日本での出願時から、WIPOの標準的な指定商品・役務表示で置き換えが可能かどうか、慎重に検討することが求められます。

編：WIPOの標準的な指定商品・役務表示を採用できれば、安心？

友：ところが、そうでもありません。指定国において、WIPOの標準的な指定商品・役務表示が受け入れられない場合もあるからです。

例えば米国やタイでは、認められる指定商品・役務表示にその国独特の決まりがあるので、かなりの高確率で、商品・役務表示にまつわる暫定的拒絶通報を受領することになると思います。

要は、本国（日本）、WIPO、各指定国において、指定商品・役務表示に互換性がないと、少々使いにくいということです。

編：文化・言語圏の違いが大きい複数の国家間で、一括で手続きを完了させるのは難しいのですね。

友：各国間における商標制度の違いの大きさもネックです。例えば、米国やフィリピン、メキシコなどでは使用主義の傾向が強く、更新手続きの際など、節目節目で商標の使用宣誓の手続きが必要です。

　しかし、WIPOは使用宣誓期限や手続きには関与しないので、期限管理や手続きのために代理人を起用しなければなりません。

編：手続きの期限管理が面倒クサそう。

友：また、アフリカは、国内法との調和ができておらず、マドプロ経由での登録の有効性に疑義があるといわれる国・地域も多いです。

編：……良いところも教えてください。

友：商標制度と文化・言語に一定の近似性がある、欧州諸国では比較的安心して使えます。また、指定国において、通報期間（WIPOが指定国官庁に国際登録を通報してから12カ月〈米国、韓国、ブラジルなど、国により18カ月〉）内に拒絶通報がなければ、国際登録日から法的保護が発生したものと扱われます。いつ頃までに登録が確定するかの見通しを立てやすいので、ありがたいです。

編：「いつ登録になるの？」ってよく聞かれますから、これはメリットですね。

友：ただ、多くの指定国は登録証を発行しません。

編：登録証が来ないと、登録になった気がしないんだよな……。

友：それもそうですが、中国など、実務上、取引や行政手続きなどの際に各国での商標登録証の提出を求められることがあります。その場合、指定国で登録証明書の発行請求が必要です。

編：結局、注意点の話に……。

友：「一気にたくさんの国で登録できるぞ～！」という気楽なものではなくて、メリット、デメリット、注意点がそれぞれあるのです。

　マドプロ出願の際には、日本の代理人に相談するケースが多いと思いますが、できるだけ海外諸国の商標制度に明るい代理人を選任したほうが安心です。

　ウマく活用すれば、登録後の更新手続きは本国（日本）官庁もしくはWIPOに対してまとめてできるので、それはラクチンですよ！

7. 使用する気のない商品等について商標登録していいの？

日本の商標出願・登録費用の多寡は、商品・役務の区分数で決まる。出願や登録だけでなく、審判請求費用もそう。代理人手数料も区分数に連動させている事務所が多い。同じ料金ならば、同一区分内でなるべくたくさんの指定商品・役務を詰め込みたいと思うのが人情だ。しかし、その結果として、あまり使用する気のない商品・役務についても商標登録を受けることはしばしばあるのだが、そんなことをしてもいいのかな！？

① 詰め込み出願は商標法違反！？

友：1区分内で指定商品を幾つ詰め込んでも料金が変わらないというのは、野菜詰め放題で1袋1000円みたいな仕組みですね。それなのにミニトマト1個しか入れなかったら「アンタやる気あんの？」って聞いちゃうでしょう？

　あるいはバイキングに行って友達がスープしか飲んでなかったら「何しに来たの？」って顔をのぞき込みますよね。お腹がパンパンになるまで詰め込まないともったいないよ！

編：……なんか、卑しいなぁ。出願するときもそんな発想なんですか？

友：そりゃそうですよ。例えば第9類は、主に安全・救命用具、科学・研究用の機械器具、視聴覚・情報技術用の装置などに関する商品区分です。これは非常に広い！

　保安用ヘルメット、火災報知器、実験器具、測定器具、テレビやスピーカーなどの視聴覚家電、パソコンやスマホなどの電子機器、テレビゲームプログラム、電子出版物などの商品も入ります。

　もし私が火災報知器のメーカーで働いていたら、「どうせなら」と、事業分野に無関係なテレビやパソコンなども詰め込んで出願するでしょうね。

編：そんなことをしていいんですか？

友：本当は、ダメなのです。本来、事業予定にない商品や役務を指定して出願することは、商標法の趣旨や、商標法上の登録要件にも反します。

編：えっ！？　卑しい商品の詰め込みは法律違反……？

友：商標法1条に掲げられている商標法の目的には「商標の使用をする者の業務上の信用の維持を図り」とあります。

　3条1項の柱書には「自己の業務に係る商品又は役務について使用をする商標については……商標登録を受けることができる」と書いてあります。

　つまり、商標法は、商標を使用していない者の業務上の信用は商標制度を通じて保護する必要がない（使用していない商標についてに保護すべき業務上の信用は発生しない）という考え方の上に成り立っており、使用しない商標は商標登録を受けられないと定めているのです。

編：でも、先ほど話に出たように、例えば火災報知器のメーカーがパソコン等を指定商品に含めて出願することはあるでしょうし、実際、特に問題なく登録になっているように思いますが。

友：そうなんです。これは、審査基準上、3条1項柱書の「使用をする」は、「将来において使用をする意思を有している」場合を含むとされているからです。

編：確かに、審査基準にはそう書いてありますね。

友：まだ構想・計画段階の事業において、ある商標を使用したいと考えている出願人に商標登録を与えることは、商標法の目的に合致すると考えられているわけですね。

　一方、出願人が、出願商標を指定商品等について、「将来において使用をする意思」を本当に有しているかどうかは、審査官には分かりません。

　一定の条件下では、その使用意思を確認する仕組みは設けているものの、基本的には、3条1項柱書に照らした審査は厳格には行われていないのが実態です。

② 拒絶される／されない詰め込み出願

編：使用の意思についてはある意味「性善説」的な審査がなされているわけですね。「使用意思を確認する仕組み」というのはどんなものなのでしょうか？

友：例えば、1区分内に23以上の類似群コードにわたる商品または役務が指定されている場合は、出願人が使用意思を有していることに「合理的な疑義」があると判断するというものがよく知られています（「商標審査便覧」41.100.03、その他の基準については下図参照）。この場合、審査官は拒絶理由通知を行います。

編：「類似群コードが23にもわたる幅広い商品等に同じ商標を使うなんて怪しい」ということですか。

友：そういうことです。「類似商品・役務審査基準」に掲載されている第9類の見出し商品には、合計すると41もの類似群コードが付与されています（本書執筆時）。

したがって、火災報知器のメーカーが、アレもコレもと全ての見出し商品を指定商品に含めて出願すると、拒絶理由通知の対象になります。

編：逆に、類似群コードの数を22以下に抑えればいいんですね？

友：出願前に類似群コードの数が22以内かどうか最終確認するのは「出願人・代理人あるある」ですよ。

編：いちいち類似群コードに置き換えてカウントするのは手間ですね。指定商品・役務の総数に制限をかけたほうがラクなのに……。

審査基準上、3条1項柱書違反の疑義を生じる出願

- 業務を行うために国家資格（医師や弁護士資格等）等が必要な役務を指定した出願で、職権調査によって出願人がその資格等を有していることが確認できない場合。

- 総合小売等役務（35類）を指定した、個人による出願。また法人による出願であっても、職権調査で総合小売等役務の実施が認められない場合。

- 類似の関係にない複数の特定小売等役務（35類）を指定した出願。

商標審査基準（改訂第16版）および商標審査便覧による

友：一方、第1類から第45類までの区分数自体は、幾つあっても使用意思に合理的な疑義があるとは見なされません。1つの区分内で広範な商品を指定しているのは怪しいかもしれませんが、脈絡のない複数の区分でまとめて出願している場合も怪しいと思いますが……。

　例えば、「塗料（第2類）、おむつ（第5類）、車両による輸送（第39類）」という3つの商品・役務をまとめて出願していたら、「いったい何のお仕事をなさるおつもり？」と思いませんか？

編：オーダーメードでカラーリングしてくれるおむつのデリバリーサービス……？

友：そんな仕事はないだろ。もっとも区分数に応じて費用も増えていくので、特許庁としては、出願人がいたずらに区分数を増やすことには抑制が働くと考えたのかもしれません。

　しかし、カネに糸目を付けない大企業などは、大量の区分を一度に出願することもありますからねぇ。

編：ともあれ、大量の指定商品・役務で登録を受けたい出願人からすれば、とにかく類似群コードを22以下に抑えることが大事だと。

友：なお、同一区分で23以上の類似群コードの商品についてスムーズに登録したい場合、1つの出願の指定商品を22以下の類似群コードに抑えた上で、同じ商標を別に出願して、残りの類似群コードの商品を指定すれば、拒絶理由通知を受けずに登録することができます。同日出願でも大丈夫です。

編：形式的に1出願当たり22類似群コード以下ならばいいのか……。

　しかし、これじゃますます、権利化費用に糸目を付けない出願人が広範囲の商品・役務について商標を独占できてしまいますね。

友：カネさえ積めば抜け道ができるというのは不健全かもしれませんね。

③ 実は簡単！？　柱書違反の解消方法

編：3条1項柱書違反を理由とする拒絶理由通知を受け取った場合は、どうすればいいのでしょうか。

友：「使用意思に合理的な疑義がある」旨の3条1項柱書違反の拒絶理由通知を受けた場合、これを解消する最も簡単な方法は、類似群コードが22以下になるように指定商品を削除補正することです。これで拒絶理由は解消します。

7．使用する気のない商品等について商標登録していいの？

編：最初から22以下なら拒絶理由通知の対象にもならないから、それでいいのでしょうね。

友：どうしても23類似群コード以上の指定商品・役務のまま登録したいのであれば、使用しているか、使用意思があることを証明しなければなりません。

編：ムムッ。急にハードルが高くなりそうですが……。

友：出願した指定商品・役務に係る業務を行っていることを、少なくとも類似群コードごとに示さなければなりません。つまり、23の類似群コードが付いている、それぞれの商品等を事業上取り扱っていることを示す必要があるわけです。

ただし、必ずしも出願した商標そのものをそれらの商品等について使用していることを示さなくてもよく、出願人がそれらの商品等を取り扱う事業を行っていることを示せば大丈夫です。

編：ウチは火災報知器もテレビもパソコンも顕微鏡も電池も眼鏡も全部売っています……ってことを示せればいいんですね？

友：そうです。具体的には、カタログや取引書類、事業が紹介された雑誌や新聞の写しなどといった資料を提出することが多いでしょう。

編：でも、出願時点でそんなに幅広い事業を行っていない場合はどうすればいいのでしょうか？

友：その場合、使用意思と使用計画があることを表明することになります。出願後、おおむね3～4年の間に商標の使用を開始する意思があることを表明する旨の書類と、その事業の準備状況を示す予定表の2点を提出する必要があります。いずれも、事業責任者レベルの記名が求められます。

編：なるほど。類似群コードが22と23とじゃ、扱いがエラく違いますなぁ。これなら、類似群コードを22以下に抑えようと気を付ける出願人の姿勢も分かります。

友：ただし、この「意思表明書」や「事業予定表」は、簡単な内容のものでも受け入れられる傾向にあるようです。審査基準上は、書面の内容に疑義がある場合は、「必要に応じその事業の実施や計画を裏付ける書類の提出を求める」とされていますが、管見の範囲では、いつ頃までに商標の使用を開始する予定であるかを書いた意思表明書と、生産や販売予定などの年月を書いたザックリとした事業予定表を出せば、スンナリ登録査定を得られているようです。

編：真の意思、カッチリとした計画ではなくても、書類がきちんと整っていれば、登録になることが多いということでしょうか。

友：そうした確認の運用も含めて3条1項柱書は「性善説」なんです。もっとも、実際には使用意思も計画もないのに、見せかけの書類を提出して商標登録を受けた場合、「詐欺の行為による商標登録」を受けたものとして、刑事罰の対象になり得ると思います（商標法79条）。実際問題としては、立証・適用のハードルはあると思いますが、読者の皆さんは誠実な使用意思に基づいて出願しましょう！

商標の使用意思確認のための事業予定表の例

```
            事 業 予 定 表

    〔予定〕
      令和○年 1月      テレビの開発完了予定
      令和○年 4月      商品の生産開始予定
      令和○年 6月      商品の発売予定

    （出願人）                    令和×年10月1日
    住所 東京都○○区…
    名称 株式会社××××
    事業担当責任者 甲野 乙朗
```

商標審査便覧 41.100.03の例を参照し作成

④ 柱書違反状態の商標権は有効か？

編：もし、提出した意思表明書や事業予定表の内容に反し、本当は出願人が商標を使用する意思や予定を有していなかったら、その権利は有効といえるのでしょうか？

友：3条1項柱書違反は、異議事由や無効事由になりますから、理論上は異議申立てや無効審判請求によって取り消される可能性があります。もっとも、出願人に使用意思や計画がないことを、第三者が客観的に示すのは難しく、認められにくいといえるでしょう。

編：内心の話ですからね。

友：しかし、考慮すべき実例はあります。飲食物の提供についての登録商標「アールシータバーン」の3条1項柱書の該当性が争われた裁判では、商標権者が裁判時に至るまで当該商標を役務に使用してい

7．使用する気のない商品等について商標登録していいの？

なかったことに加え、この商標権者が、実在する飲食店名や企業名と同一の商標を脈絡もなく30件も出願し、登録を受けていた事実から、「被告は、他者の使用する商標ないし商号について……多岐にわたる指定役務について商標登録出願をし、登録された商標を収集しているにすぎ」ず、自身で使用意思を有しているとは認められないと判断され、無効になりました〈知財高判平成24年5月31日 平24（行ケ）10019〉。

編：おお、周辺情報から使用意思がないことが疑われたわけですね。

友：さらに、権利行使の場面においても、登録時に使用意思が認められない商標に係る商標権の行使は権利の濫用であると判断された裁判例があります。

「グレイブガーデン」という墓地または納骨堂の提供についての商標権に基づく損害賠償請求訴訟です。裁判時に無効審判の除斥期間が過ぎていたので、被告は権利の有効性そのものは争えませんでしたが、裁判で商標権者が提出した事業予定が、原告本人の供述や本人作成の抽象的な計画書などに過ぎなかったため、事業計画があったとは認められないと判断さ

れ、そうである以上、権利行使は3条1項柱書の規定趣旨に反し、権利の濫用だと認定されました〈東京地判平成24年2月28日 平22（ワ）11604〉。

編：これらを踏まえると、いたずらに使用意思もない商品等にまで出願範囲を広げてもしょうがない！？

友：実際に3条1項柱書違反で商標権を無効にするのはかなりハードルが高いので、しょうがないとは言いません。しかし、特に権利行使の場面では、使用されていない商標権の行使では十分な損害が認められにくいですし、場合によっては権利濫用にもなり得ます。不使用状態が3年続けば不使用取消審判請求の対象になりますしね。不安定な権利であることは確かですよ。

編：不安定でも、権利があるだけで一定の牽制効果は得られますが、実際には行使しにくい「抜けない刀」ではあるのでしょうね。

友：商標業務って、なんでもかんでも登録するだけが能じゃないですからね。仕事の仕方に迷ったときには、「使用によって商標に宿った信用」を守ることこそが、この仕事の本質なのだ、という基本に立ち返りましょう！

Column 4　商標代理人の選び方に気を付けろ！

　調査、権利化、係争対応。多くの商標業務における企業の大切なパートナーが、代理人となる特許事務所、弁理士です。商標業務の代理人は、どのように選べばよいのでしょうか。

　知財のプロ・弁理士といっても、それぞれに得意分野があります。日本弁理士会の公表データによれば、弁理士の最終学歴の文理内訳は、理科系が約8割。理系ならみんな特許が得意で、文系は商標というわけではありませんが、特許業務を主領域とする弁理士の方が多いのは確かです。

　商標業務の得意な代理人をイチから探すとしたら、多くの方は広告やネット検索に頼ると思いますが、望ましくは、客観的な実績や評判を手掛かりにすべきです。日本弁理士会の運営する「弁理士ナビ」では、弁理士ごとの、専門分野情報や出願代理実績の簡単なデータ（特許が多いか、商標が多いかなどが分かる）を掲載しており、得意分野を推し量ることができます。

　クライアントとして、代理人の評価は重要な仕事ですが、商標代理業務の品質検証は簡単ではありません。商標の出願書類は、特許と比べてシンプルなので、出願書類では他の代理人との差が出にくいのです。また、出願がスムーズに登録になれば、出願代理人としての仕事は完遂ですが、そのプロセスで実力を量ることは困難です。スムーズな登録は、出願人にとっても代理人にとっても最も望むことですが、皮肉なことに、補正、意見書や審判など、「スムーズにいかなかったとき」の対応にこそ、商標代理人の実力が見えるのです。

　「実力」と書きましたが、「自分との相性」と言い換えたほうが適切かもしれません。どんな大先生であろうとも、黒を白にすることはできません。最終的な査定や決定がどうだったかよりも、ハードルを乗り越えようとするプロセスにおいて、クライアントとどのようにコミュニケーションし、どのような工夫で、クライアントが納得する説得力を持った主張・立証を構築できたかどうかで、相性を評価するのがよいと思います。それで勝ったなら言うことなし。もし負けたとしても、「この先生と二人三脚で力を出し尽くしたから後悔はない！」と言えるパートナーと、長く付き合うことをお勧めします。

第5章
企業商標担当者による覆面座談会

「企業と商標のウマい付き合い方」に、正解はない。本書は、企業商標担当者に気付きを与え、背中を押す内容を志向したが、それがどんな企業のどんな場面においても共通の最適解とは限らない。そこで最後は、企業において現役で働く商標担当者による覆面座談会の模様を収録することにした。さまざまな立場から語られる多様な意見や悩みの吐露が、皆さんの商標業務にとって、より多角的なヒントとなることを願って、本書を締めくくりたい。

覆面座談会出席者

A氏：サービス業の法務・知財部門に所属しており、商標を中心とした知財業務の経験は約20年。ブランドマネジメントへの関心が特に強い。コンセント制度の導入にはどちらかと言えば消極的な立場だった。

B氏：技術系出身。複数のメーカーで約10年知財業務に従事する。好きな業務はエクセルを活用すること。苦手な業務は社内調整。さまざまな新制度を使いたい。「自由人」なので上司の胃に穴が開かないか心配する今日この頃です。

C氏：メーカーで商標業務を取り仕切る。文字なしの立体商標登録のため大量の使用実績をかき集めている最中に侵害警告書が届いて、泣いたことがある。

1. 商標調査・出願業務の工夫アレコレ

① 商標調査で「漏れ」をなくすには？

A：商標調査の依頼を受けたときに、基本的には依頼内容を「真に受けない」ように気を付けています。つまり、「ABC を調査してください」と言われたからといって、ABC「だけ」を調べるようなことはせずに、疑ってかかるようにしていますね。

B：「エービーシー」だけじゃなくて「アーベーセー」（フランス語）の称呼も生じるかもしれないということですよね。

C：依頼書に調査対象の商標案が書いてあるけど、読み方が特定されていないこともありますよね。先入観で調査したら、実際には想像もしていなかったような「当て字」読みが想定されていたなんてことも……。

　現場が意図している称呼は、本人に確認するしかないと思いますが、生じ得る称呼については、どうやって特定していますか？

B：私は Excel のマクロを作成して、事業部が指定した称呼（カタカナ）から、一定のルールで「表記ゆれ」のパターンを一度に出力できるようにしています。

A：そんなことしてるの！？

B：**「1週間で800件、13カ国で調査をお願いします」**なんて依頼が来るので、自動化せずにはいられないんです……。

C：そんなムチャな依頼が……。800件×自動出力された称呼の数を調査するのも大変そうですが（笑）。

B：マクロのパターンを生成 AI ソフトに学習させて、「この商標案について、同じパターンで出力してください」と指示し、リストアップさせることもあります。

　それだと Excel すら不要で、業務効率化になるんです。

C：私も何パターンかで調査しますが、わりとフィーリングというか、経験則に基づいて自力で検討しています。というのも、商品の性質や業種によって称呼にも傾向というか、癖があるじゃないですか。

A：うんうん。例えばアパレルや化粧品だったら、フランス語読みも当然想定するといったような……。

C：そうです。そういう癖の部分を経験則で補っている感じです。

B：私も本来はフィーリング派なんですけど、自分のフィーリングが一般的な感覚とズレている気がして（笑）。機械的にリストアップしているのは、漏れのリスクを極小化するための保険的な意味合いがありますね。

A：調査では、侵害を防止することが第一なので、なるべく幅広く確認する姿勢は大事ですよね。

② 納期で揉めるのは避けられない！？

C：調査依頼を受けるときに依頼者と押し問答になりがちなのが「納期」のことなんですよね。
　早くやろうと思えばできるんですけど、その分、「質」は犠牲になるし……。どのように対応すべきなのか悩みます。

A：納期に関するスタンスは、企業によって大きく２つに分かれているように思います。ひとつは、例えば２週間なら２週間と決めちゃって、その納期でやると。依頼者のほうでそれに合わせた開発スケジュールを組んでください、というスタンスです。もうひとつが、社内でのプレゼンスをムリに（？）高めようとしているのか、自分の首を絞めるかのように、「明日まで」と言われれば「24時間以内に返します」という対応をするスタンス。で、**残念ながら、ウチは後者なんですね……（笑）。**

C：えー！　なんでそんなコトに……。

A：ウチは広告代理店に商標を考案させることがあるのですが、広告代理店があらかじめ商標調査もして報告書を出してくるんですよ。
　事業部からしたら**「それでいいじゃん」**と思いますよね。でも、社内の知財部としては全く調査をしてないので、そのまま追認するわけにはいきません。改めて調査する必要があるのですが、その必要性を分かってもらえない。

C：広告代理店の調査との競争が生じているんですね。

B：ウチは前者のスタンスです。上司の方針で、国内の商標調査であれば、「調査依頼を受け取ってから翌日起算の5営業日で回答」と決めているんです。

　そして、「もしそれよりも早く回答が欲しい場合は、特許事務所などに外注するので、外注費用を出してください」とあらかじめアナウンスをしています。

C：特許事務所みたいに、システマチックに納期と料金体系が決まっている。

B：その結果、上司ではなく私宛てに直接**「明日までにお願い！」**という依頼が来るようになりました。

A＆C：（笑）

③ ベストな出願のタイミングとは？

A：でも、早ければいいってもんじゃないですよね。せっかく急いで調査したのに、実はビジネスプラン自体が生煮えで、そこから商標の本採用が決まるまでに時間がかかって、結局また別の案で調査依頼が来ることも……。本当は、調査した後ですぐに出願しないと調査をした意味がないんですが。

C：間が空くと、その隙に第三者が類似商標を出願する可能性があるからですよね。

B：ウチは、調査報告から出願のタイムラグをなくすために、改めて出願依頼は受けずに、使用の意思があって、調査の結果が良好であれば、**知財部の判断で「出願決定書」を出して、出願しています。**

C：出願するかどうかを現場の意思と関係なく、知財部が決めているんですか？　それは割り切っていますね。

B：商品カタログを読んで、「これは出願したほうがいいかなぁ」って思ったものは**勝手に出願**したりしています。

C：知財部の裁量が大きいんですね。うらやましい。ウチは、早めに調査をするんですけど、やっぱりAさんのところみたいに、調査後に塩漬けになっていることが多いんです。

　それで出願までに数カ月空いたり、**何なら半年くらい空いたり**したこともありますよ。

A＆B：ええ〜っ！？

C：例えば商標の候補が3つあって、3つとも商標調査の結果は良好だったんだけど、その3つから1つに絞るのに時間がかかるんだって、事業部の担当者は言っていましたね。それなら2つはNG出せばよかったな（笑）。

A：それ、そんなに検討に時間がかかるんなら、いっそ先に3つ出願しようってことはないんですか？

C：う〜ん。基本的にはないですね。ムダな出願になっちゃうのがあまり好きじゃないんです。

　でも、商標によってはアンテナが働いて**「この3つの商標、どの案も半年以内に誰が出願してもおかしくないよなぁ」**って察知できることもあるんですよ。

A：ありますね。

C：短い言葉とか、識別力はあるけどさほど高くないとか、そういうことですけど。そういうときは**「未決定でも出願だけはしておいたほうがいいです」**と説得しています。そうじゃないときは、取り立てて急がせたりはしないかなぁ……。

　それで半年たってから出願したとしても、だいたいは無事に登録になっていますけどね。

B：医薬品業界は、候補になっている商標を3つでも5つでも世界中で出願して、登録になったものの中から選ぶと聞きますよ。

C：医薬品は、商標問題をクリアしても、販売認可の審査で、商標とは別の基準で先発医薬品などと紛らわしい場合には認可が下りないことがあり、それでバックアッププランの商標が必要という事情があるようですね。予算も潤沢だろうし……。

④ 出願要否はどうやって決める？

B：そもそも「出願する／しない」はどうやって決めていますか？

　ウチは先ほどお話ししたとおり、知財部側から「出願決定書」を出しているんですが、識別力がなかったり、販売期間が短かったりする場合は「出願しない」という決定を出しています。それに対して、事業部から**「なんで出願してくれないんだ！」**「あの人の案件は出願してたのにどうして？」というクレームがくることがあって……。

C：でも、妥当じゃないでしょうか。

221

私も識別力と販売期間で見切ることが多いですよ。識別力がなくて、登録にならないだろう、あるいはなっても権利行使できないだろうという商標は、「**ムリして権利化しなくてもいいんじゃないですか？**」って言っちゃう。

自分の仕事を増やしたくないだけですが（笑）。

あと、審査期間中に売り時が過ぎるような、期間限定商品みたいなものは、基本的には出願しないかな。「どうしてもって言うなら出願しますけど」ということもありますが……。

A：識別力に関しては、そのときどきの審査の傾向、トレンドも見極める必要がありますね。緩めに審査される時期、厳しく審査されてほとんど登録にならない時期もありますから。

あと、私は事業部の人の態度によって方針を変えることもあります（笑）。

例えば、「既存の言葉なんて、誰でも使えるから登録する必要ないよね」なんていう態度をとられたら、「**いやいやいや、一見普通名称に思えても、こんなに登録例がたくさんあるんですよ**」みたいなレクチャーをしますし、逆に何でもかんでも登録しなきゃ気が済まないキッチリ型の社員には「**こんなの登録しなくても大丈夫ですよ。似たような登録例はあるけど、あんなの実質的には権利行使はできませんよ**」と諭すこともありますね。

C：それって、**現場のリテラシー向上を考えた接し方**ですよね。素晴らしい！

確かに、商標についての評価は、油断するのもダメだし、過剰に気にし過ぎるのも誤りですから、相手によって答え方を変えて、会社全体のリテラシーのレベルを調整する試みは大事だと思います。

A：**中途半端な知識を持っている人たちが一番危険**ですね。「商標は登録しなくても、先に使っていれば大丈夫だよ」とか、そういうことを知ったかぶって言う人には、「おーいおいおい！」と。キツめに商標調査や出願の大切さを説くようにしています。

2. 商標トラブルが起こったらどうする？

① 自社の無断使用に気付いたとき、どうする？

C：仕事上、一番イヤな商標トラブルといえばなんでしょう。

　私は、クレームを受けたり、訴えられたりすることも、もちろんイヤですが、そういう事態になったら、争うにせよ、降参するにせよ、受け止めるしかないじゃないですか。その覚悟ができるだけマシです。

　それよりも、自社がいつの間にか他人の登録商標を無断使用してしまっていたことに気が付いたときのほうが「どうしよう……」と震えてしまうんですよ。

B：分かります。それは震えます。

A：相手が気付かないことを祈りつつ知らん顔を決め込むべきか、相手に気付かれる前に謝罪しに行くべきか……という葛藤ですよね。

B：私はやらかしたことがあります。自社のクリスマスのカタログに他社の登録商標が使われているのを発見して、その時はもう**見なかったことにして年を越すことにしました**……。

C：これってどっちがいいんでしょうね？　先に謝りに行ったほうがいいのか、バレるまで放っておいて、そっとやめるみたいな……。

A：謝りに行くとなると、自分たち法務・知財の人間が説明しに行かないといけませんからね。

　でも案外、先に謝りに行くと「ご丁寧にありがとうございます。全然気にしないでください」と言われて、拍子抜けするようなリアクションだったこともあります。

　どうかすると、謝られたほうも困るみたいな。

　「そんなことで、いちいち謝りに来る人なんていませんよ」と言われたこともあります（笑）。

C：確かにそういうときもあるなぁ。

② 知人経由で「ムリな相談」

A：ムリな相談でも、「知り合い」を伝って頼まれると、断りにくいこともありますよね。これはウチが頼まれる側になったときのことですけど、わりと偉い立場の知人を介して商標ライセンスの依頼を受けたことがあります。**「お金は払えないんですけど」**って……。

B＆C：（笑）

C：お金が払えないからこそ、なんとか情に頼ろうとして、人づてで来たのかもしれないですね。

A：正面切って直接聞けなかったんでしょう。知り合いでもない商標権者の法務担当者を訪ね、突然ライセンスの依頼をしても、相手から何を言われるか分からないという不安はあるでしょうね。

　それで仲介役になった共通の知人も、自分の立場があるので、**「（私の顔を立てると思って）なんとかしてやってくれたまえよ」**という雰囲気が出来上がってしまって。

　結果的に相手の思いどおりになったことがありました。

C：それは逆の立場でも使えそうですね。直接言いにくい謝罪や頼み事をしないといけないときには、共通の知人を介すといいのかも。

A：でも、それが逆効果になるときもありますよ。

　一度だけ、何かの会合で会って名刺交換しただけという関係の事務所の弁理士から突然メールが来て、「御社のこの商標権を譲ってもらえませんか」って頼まれて驚いたことがあります。

　CCに知らない会社の人が入っていて。多分、その事務所のクライアントなんでしょうけど。「あなた誰ですか？」っていう……。

　そういうのは許したくないなと思って、無視しましたけど（笑）。

C：それはあるなぁ。「１回会っただけで、どうしてそんな図々しい頼み事ができるんだ」「たいして仲良くないだろう！」っていう。なれなれし過ぎるというか。

A：そうそう。

B：どうしよう。私、結構なれなれしく「すいません、許諾ください」って頼みに行ってるかも……。

A：いや、フランクなのはいいんだけど、**「誰だっけ？」という程度の関係性の人が、「これくらいの態度でいいでしょ」っていう接し方で来るのが問題**なんですよ。

③ 法的根拠のない商標クレームを受けたら？

A：商標トラブルって、商標権侵害には当たらないけどトラブルになることがありますよね。例えば商標的使用ではない商標の使用など。

C：ありますね。グレーゾーンが広いというか、商標権の効力範囲に誤解が多いせいでしょうかね。

A：自社の登録商標について、他社がキャッチフレーズ的に使用していたことがあります。客観的に見れば商標権侵害ではなかった。でも、社内から「ウチの商標が勝手に使われている」という問題提起があって、対応することにしたんです。

　ウチと相手方に共通の広告代理店が絡んでいたんで、それこそ知人を通して指摘してみたんです。そうしたら、**あれよアレヨと話が進み、相当な使用料をもらい受けることになりました。**

C：それは大もうけですね。だって商標権侵害じゃないんでしょう？

A：もし訴えたらこっちが負けるだろうっていう案件ですよ。

　向こうにも弁護士がついていたので、「侵害には当たりませんが、次から気を付けます」くらいの切り返しを想定していたんですけど、「これは侵害でした。申し訳ありません」というお返事で……。「**侵害だと認めるんだ！？**」ってこっちが驚きました。それで当事者間では金銭補償するという合意が成立したんです。

C：相手は大損してますよね。

A：でも、それを誰も疑ってないんですよ。こっちからすると気持ち悪いですが（笑）。

B：クレームに必ずしも法的根拠がなくても、問題の経緯や相手との関係性を総合的に判断して「折れる」ことはありますよね。

A：ありますね。以前、某芸能人が来店してサインを書いてくれたことがありました。ご本人の承諾を得て、サインを飾っていたんです。

　ただ、スタッフが善かれと思って、その方の関連グッズなどを飾り、「推し活コーナー」を作ったんですね。それが所属事務所の知るところとなり、「商標権侵害だからやめてくれ！」とお叱りを受けました。

　まぁ、確かに承諾いただいたのは「サインを飾ること」だったので、勝手に推し活コーナーまで作ったのは、こちらの行儀も悪かったかなと……。

ですから「この使い方は商標権侵害ではないですよ」と反論しようと思えばできましたが、さすがにちょっと言えなかったですねぇ。
C：法的な侵害成否だけでなく、バランスを考えることは大事ですよね。しかも、その推し活コーナーを撤去するくらいならこちらにも不利益はないでしょうから、引き下がっておくのが穏当だったのでしょうね。
A：逆に、引き下がらなかった事例として、某有名企業が、ウチの商品に対して商標権侵害だと警告書を送り付けてきたことがあります。「誰の許可を得てやってるんだ！」と……。でも、これがどう考えても権利侵害じゃない。

どうも先方の社長が典型的なワンマンタイプで、怒っちゃったらしいんです。社長の周りは、権利侵害でないことに気付いていたんだけど、誰も止められない（笑）。

でも、ウチは**そんなことで侵害を認めるわけにはいかないし、お金を払うわけにもいきません**。向こうはその態度がシャクに障ったんでしょうね。最終的には「お金の問題じゃないからとにかく謝れっ！！」みたいな話になりました……。時間はかかりましたが、ようやくなだめて終わりました。

最終奥義「逆土下座」

④ 権利侵害じゃないけど、やめさせたいときの工夫

C：商標権侵害とはいえないものの、権利者としては、商標の不正な利用と言いたくなるような場面はあるから、そういうときにどういう態度をとるかですよね。怒りに任せて警告するのは悪手でしょう。

一方、権利侵害ではなくても、客観的に見て行儀が悪かろうと思えば、そこを指摘して譲歩を引き出すのも手だし、侵害ではないとしても、例えば一時的に使用する販促品や、ウェブ上の不適切な使用だったら、相手もそれほど抵抗なく差し替えるだろうという見立ても重要です。

A：指摘する立場では、**嘘をつかないことも大事**ですね。法的根拠もないのに、「商標権侵害だ！」と言ってしまったら、いずれこちらが恥をかくことになりますから。

C：確かに。事実に反して侵害だとか言われたら、言われたほうも反論したくなるでしょうし。

A：はい。侵害に当たる可能性があるかどうかは慎重に検証しています。侵害主張に持っていけないなら、それはそれで、**「こういう理由で困っているんです。迷惑しているんです！」**という線で、一生懸命シナリオを作って交渉しますよ。

B：ウチの会社が経営している店舗と似た雰囲気の店舗を営業している事業者が結構いるんです。

　雰囲気を似せているだけなので、権利侵害ではないですし、事業者のほうも、大半は積極的に便乗しようというような悪意があるわけでもない。

　でも、中には「ここまで似せられちゃうとちょっと……」というレベルのものもあります。

C：トレードドレスが類似しているような感じなんですかね。

B：そうです。個人事業主に文句を言うのはやめようという方針にしているんですけど、一度、大手メーカーが経営している店舗にクレームを付けたことがあります。

C：それも権利侵害レベルではないんですよね？　伝え方で工夫した点はありますか？

B：「似てるよね」という内容のSNS上の書き込みをたくさん見せて、**「逆の立場だったらどう思いますか？」**みたいな言い方をしたり、あと、そこの店舗の商品を全部調べたら、たまたまウチの登録商標を無断使用しているものがあったんですよ。それをきっかけにして交渉したりもしました。

C：それはすごい、チカラワザというか……。ネチネチと交渉しましたね。特許紛争で侵害を指摘されたら、相手の侵害も探してクロスライセンスに持ち込むというやり口もありますが、商標でそれに近いことができたのは珍しいですね。

B：あの時は粘り強く交渉しました。そのかいあって、デザイン変更を実現。社内でも褒められました。社内の企画者にとっては、違法かどうかにかかわらずマネされるのはイヤ。その気持ちに応えられたと思います。

第5章　企業商標担当者による覆面座談会

C：現場の担当者には思い入れがありますからね。何かしら交渉の糸口があればなんとか応えてあげたいんですが、あまりにも無理筋な相談ってありませんか？

　ウチは、たいして似ていないのに「酷似してる！」と騒ぐ人が多いので、「アナタ『酷似』という言葉の意味を分かってますか？」と言いたくなるときがしばしばあります。

　まぁ、実際にはそんな言い方はしませんけど、**「こんなのでクレームしたら、かえってウチの評判に傷が付きますよ」**というような言い方で、説得することがありますね。

B：ウチは、事業部の力が強いのか、私が「こんなことで権利行使するのはやめましょう！」と猛反対したら、逆に「知財担当者を代えてくれ！」って言われたことがありますよ……。

C：えーっ！　そんな権限あるの？

B：「チェンジ！！」って。

C：でも、担当者が変わっても、無理なものはムリですよねぇ……。

A：それ、たとえ「権利行使しましょう」という社内の結論になったとしても、そのテンションがいつまでも続くでしょうか？　係争ってそんなにすぐには終わりませんよね。

　で、時間を置くと、法務・知財部門はあまりないけど、事業部門には定期的に人事異動があるじゃないですか。

　すると、事業部の上役が変わった時に**「何をこんなことでムダな係争をやっているんだ！」**という話になることはありませんか？

C：ありますねぇ。

A：あるいは同じ事業担当者だったとしても、途中まで一緒にやってきたのに、そのうち飽きてきちゃうんですよ。

　怒りの感情って意外と長続きしないから、そのうちになんとなく「もういいんじゃない？」という雰囲気になってしまう。でも、そんなことを言われても、こっちはもう仕掛けちゃった手続きを、そんな簡単には止められません。そういうときは、結構、腹が立ちますね。

C：なるほど。現場の怒りに寄り添うことも大事ですが、怒りに流されずに、長期的視野でトラブル対応を考えることも大事だといえそうですね。

3．商標制度に物申す！　〜情報提供、不使用取消審判〜

① こだわり炸裂！　情報提供

C：商標制度の使い勝手についての意見や期待、不満を聞いてみたいなと思うんですが、まず、情報提供制度についてはどうでしょう？

A：情報提供制度は活用していますね。

C：あ、やりますか。他人の商標出願を見て、「コレ、気に食わんな〜」と思ったものにはすかさず情報提供をすると。

A：はい。出願段階から対処するようにしていて、その分、異議申立てはあまりしないんですが。

C：統計上、日本の異議申立ての成立率は6〜10％とかなり低いですから、**異議申立てに頼るくらいなら、情報提供のほうがよさそうです。**
　情報提供における成功率はどうですか？

A：見通しを立てた上で、「拒絶にもっていけるだろう」と思ったものに対して情報提供するので、たいていは成功します。もしかすると、放っておいても審査官が拒絶してくれた案件だったのかもしれませんが……。

C：そこは、情報提供を考えるに当たっての悩みどころですよね。
　「普通に審査に委ねれば拒絶されるだろう」と思って放っておくか、「いや、こちらから**情報提供しないと、ひょっとしたら通っちゃうんじゃないか？**」と疑うか……。

A：その点でいうと、ムリかもしれないけど**「ウチは問題視してるぞ」**というのを、審査官にも出願人にも知らしめるために情報提供をすることもあります。4条1項15号（他人の業務に係る商品等との混同のおそれ）を理由とする情報提供は、そういう狙いがありますね。

C：4条系の拒絶理由該当性は、当事者から情報提供しないと審査官には分からないというものも多そうですよね。

A：確かに。見過ごされないように、注意喚起の目的で情報提供していくことに意義があると思います。特許庁も「どんどん使ってください」と言っていますからね。

B：業界によっては、その業界内で出願公開された商標をみんなで見て、多数決で情報提供する商標を決める会議があると聞きます。

C：業界内で監視し合っているのか……。なんだか江戸時代の寄り合い、株仲間みたいですね。それが良いのか悪いのか分かりませんが。

B：私も情報提供はよく利用します。本当にイヤな出願に対しては、自社というか、自分でも原稿を書くことが結構あります。

C：ん？　業務ではなくて個人的に書いているんですか？

B：いや、事務所に頼むと高いので、自分で書いて出しているんですが、「絶対、趣味で書いてるでしょ！」と言われることもあります。

　実は私、ある第三者の出願1件に対して、自分で3通も情報提供を書いて提出したことがあるんです。別々に書いて、別々の郵便局から発送しました。

C：なるほど。それは、**情報提供者が何人もいるように見せかけたって**ことですね。匿名で提出できますからね。

　……いや、でもさすがに同一人物だってバレませんか？　だって、どうしたって同じような内容になりますよね？

B：でも、全部提出する刊行物を変えたんですよ。1通は、カムフラージュのために競合他社のオフィスの前のポストに投函して、もう1通は出張先から出しました（笑）。

C：審査官は消印まで見てるのかな！？

　（**注**：特許庁「情報提供に関するQ&A」によると、「郵送に用いられた封筒はデータとしてエントリーされない」とのこと）

B：「意味あるの！？」ってみんなに言われたんですけど、どうしても通したくなくて、そういう姑息なことをした経験があります（笑）。

A：「この出願が気に食わない会社って、ココしかないだろう」という予想で身元がバレたりしない？

C：でも、3条の識別力がないという旨の情報提供だったら、特定企業以外にも、登録されたら困る同業

者は少なくないから、身元はバレにくいのかも……。
　とはいえ、自分で書く以上は筆致が似るだろうし、同一人物っぽく思われそうな……。

B：だから語尾とか全部変えたんですよ。わざとギャルっぽく書いたり（笑）。**「登録されたら困るんですけどぉー」**みたいな。

C：怪し過ぎる！（笑）

B：紙も変えて。わざわざ別々の便箋で書きましたから。

C：手書きで提出したんですか？

B：手書きで**「登録にしないで♡」**って書きました。本当に登録になったら困ると思ったんです！

C：そこまでやるとは恐れ入りました。……それで、結果は？

B：登録の阻止に成功しました！

A：やったかいがありましたね！

C：逆に、自分の出願に対して誰かから匿名の情報提供が届いて、犯人捜しすることってありますか？

A：ウチはあまりないかな。海外の企業からの情報提供や異議申立てを受けることはよくあるんですが、海外企業は、匿名やダミー名義をあまり使わない印象があります。

B：犯人捜しします！　**私、ネチッこいんで。**

C：Bさんは絶対やるでしょうね！

B：絶対にココだろうな〜と思って、勝手に妄想を働かせています。

C：妄想を。相手に直接確認するわけにもいかないですもんね。

B：そうなんですよね。**「（名探偵の）コナン君みたいなことをしていないで仕事しろ！」**と上司から言われることもありますが……。

C：私も犯人捜しをするほうなので、気持ちは分かりますよ。出願せずに同名の商品を発売している企業や、後願で似た商標を出願している企業かなと疑ってしまいます。

A：ある業界では、**情報提供したことをわざわざ相手に電話で知らせなきゃいけない「謎ルール」**があると聞きます。

C：ん？　どういうことですか？
　「このたび、誠に失礼ながら情報提供させていただきましたので、何とぞ……」と電話で報告するんですか？

A：そう。情報提供には記名した上で、その一言が必要なんだって！
　でもそれ、報告されたほうもどう答えていいか困惑しますよね（笑）。業界内の、ムラ社会ゆえのルールなんですかね？

C：だったら匿名で出して知らんぷりしてればいいのに……。

② 意外と気を遣う！？　不使用取消審判

C：不使用取消審判はどうですか？

B：外国では結構やります。中国とか。

A：中国は、障害のある商標が見つかったら、代理人からもまずは不使用取消審判を勧められますね。

C：中国はそもそも登録件数が桁違いに多いですし、類似範囲も広いというか、硬直的に判断されるから、取り消さないとやってられないところはありますね。

B：でも、日本ではあまりやりません。

C：それは何か理由があるんですか？

B：ウチは日本で販売した商品を外国向けに同じ名前で輸出するというパターンが多いので、**輸出時に商標を変更できないんですよ。**

　だから外国では先行商標を取り消すしか手段がなくて。日本だと先行商標があることが分かったら、まずは別の商標案を考えるので、取消審判まで検討することは少ないです。

C：なるほど。日本のメーカーの輸出ビジネスの場合はそうなんでしょうね。逆に商社などで、外国の商品を輸入してきて、日本でだけ商標を変えられないときは、日本で不使用取消審判をせざるを得ないこともあるでしょうし。

A：私は結構、国内でもやります。使用していない商標は保護されないという教科書的原則を重視しています。**欲張って使用していない範囲にまで登録されていたら、そこは取り消されるのが正しいと思います**。やってみると、大概は勝つ（取消決定）。**20回くらいやって、負けたのは1回だけです。**

C：統計上も、取消審判の成功率は8割くらいありますね。

B：でも、スピード感でいえば、商標権者と交渉して、分割譲渡を受けるなりしたほうが早いってことはありませんか？

A：取消審判請求を提起することを上手に予告しないと、駆け込み使用が認められてしまうおそれがあったり、交渉事は不確定要素があったりしますからね。その点も考慮して、私は不使用取消審判のほうが早いという感覚ですが、確かに結果的に交渉したほうが早かったということもあると思います。

C：不使用取消審判は、権利者が答弁しなかったら勝ちは確定で、その場合、4カ月前後で審理は終わりますよね（権利者が在外者の場合はプラス約1カ月）。

A：交渉する場合は、不使用取消審判をかけた上で臨んでいました。でも、そういうやり方って、狭い業界だと「ちょっとそれは……」と思われることがあるということを最近になって知りました。

C：そうなんですか。私はあまり気にしないですけど……。不使用取消審判をかけた上で交渉すると、相手も「取り消されるくらいなら安価で譲ろう、ライセンスしよう」という発想になりやすいんですよね。要は対価にキャップを設けられるメリットがあると思います。

A：常套手段ではありますが、わりと敬遠する向きもあるみたいです。

B：相手にもよると思います。大手企業が、自社ブランド保護のために広範に商標登録していて、ウチはそこに形式的に類似商標がぶつかるというケースがありました。

　そういう場合、商標権者としても、使用はしていないけれども著名商標だからその保護のために権利は失いたくない。

　その代わり、実質的に影響がない範囲で他社が類似商標を使用することはそれほど問題視しないという理由で、無償や安価にライセンスしてもらえることがあるんです。

そういうシチュエーションだと、**わざわざケンカを売りにいくような感じで踏み込むのはどうだろう？**

C：なるほど。そのセンスも大事ですね。確かに、不使用の商品・役務だったとしても、著名商標に対して取消審判請求を提起されたら、商標権者は抵抗を覚えるでしょう。「今は使ってないけど取り消されると困るから、権利不行使の同意をしますよ」という方向に持っていくほうが穏当なシチュエーションは確かにあると思います。

B：だから、相手を見てアプローチを考えることが大事だと思います。

C：逆に、本当に使っていなくて、別に取り消されてもいいと思っている商標だったら、「譲渡していただけませんか？」「ライセンスしていただけませんか？」って交渉を持ち掛けられるより、**いっそ取消審判かけてくれたほうがラクだな**って思うことはありませんか？

　私は、交渉に応対して、社内調整して、契約書を作成して、請求書を出して、という作業がもう面倒くさくて……。

A：それ、実際に言われたことがありますよ。「もう、やっちゃってください」と。

C：そうそう。「答弁しませんから、取消審判していただいて結構ですよ」と、実際に言ったこともあります。自分がラクをすることばかり考えているという可能性もあるんですけど（笑）。

B：ウチ、契約書の起案は別の部署の仕事なので（笑）。それもあるのかもしれない。

　交渉さえ取り付けてきてしまえば、逆に審判対応をする必要がないという……。

C：交渉がいいのか、不使用取消審判がいいのかは、相手の属性やシチュエーションによるということでしょうね。

　取消審判を提起されること自体について、一般的に気に食わないというのは、考えたことがなかったですけど、そういう業界もあるんですか？

A：狭い業界だと、貸し借りや権利不行使をお互いさまで了承するという風土があるのか、不使用取消審判をかけると**「なんでそんなことするんだ、裏切り者！」**みたいな。

　不使用取消審判制度なんか必要ないという意見もあるくらいです（笑）。

C：それは、商標制度自体を否定する意見でもあるなぁ。

A：でも、業界の総意というよりは、**大企業が威張っているだけ**ですよ。

C：先ほど話に出たように、大企業は防衛目的で広範に商標登録する傾向がありますからね。

B：ウチは経営陣が平和主義なのか、「こういう先行商標が障害になっていて、どうにかしないといけない」と報告すると、上の人たちが交渉に行って、話をまとめてきちゃうことも結構あります。

C：へぇー！　それはラクですね。

B：**ゴルフに行って、おまとめになってくる（笑）**。「オッケーもらってきたよ」と言って。

C：まぁ、顔を見知っていれば、ドライに取消審判をかけるより、まず話そうという発想にはなるでしょうね。それにしても、なんだか日本的なムラ社会という感じはしますね（笑）。狭い業界で、大企業の存在感が圧倒的で、トップ同士が仲良くて……。

A：外資が入ってきていない業界ということもあるでしょう。

C：そうですね。アウトサイダーとの競争にさらされてると、また違うでしょうね。「不使用取消審判なんかやらないで、内々に話をまとめよう」なんて言っていられない業界もあるでしょうね。

4．商標制度に物申す！　～マドプロ、識別力、判定制度～

① マドプロ活用のための工夫が光る

C：マドプロは使いますか？　海外事業の有無にもよるとは思いますが。

A：ウチは件数が少ないので評価できないというのが結論なんですが、社内から**「世界出願でお願いします！」**という依頼が時々あります。

B＆C：「あるある」ですね（笑）。

A：「役員から『国際出願で』と言われてるんで！」とか、**「意味、分かってますか？」**というところから話を始めないといけない（笑）。

B：ウチはマドプロ、使います。

C：各国への直接出願よりもマドプロのほうを優先しますか？

B：マドプロを優先しますね。

C：メリットや魅力はなんですか？

B：**コストが安く、管理がラクなところ**ですね。更新時の期限管理やステータス管理も、マドプロの案件はデータベース上で一気に見られるようにしています。

　あと、現場の担当者が特許のPCT出願に慣れているので、「商標もPCTで！」と言われてマドプロで出願しています（笑）。

C：制度は違えど、現場も国際登録の枠組みに親しみがあるんですね。

B：PCTだと国内移行期限があるのに、マドプロは基本的に事後指定でいつでも指定国を追加できますよね。それはPCTに親しんでいる人からすると驚きだったみたいで、**「30カ月超えてもいいの！？」**って。

A：それは良い話ですね。

B：中国だけは直接出願しています。

C：そのココロは？

B：審査基準が独特で、拒絶されることが多い。結局、中国での個別の中間対応が必要になるのが一番の理由です。部分拒絶・部分登録になることもありますが、現場の社員がマドプロのベースの情報だけを見て、国際登録どおりに中国でも登録になっていると勘違いすることも結構多くて……。

C：なるほど。

B：あと、中国ではECサイトでのテイクダウンや行政摘発の際に、中国の登録証の提出を求められることが多いんですよ。

国際登録だと中国の登録証が発行されないので、そこもネックですね（注：商標局への申請により、登録証明書の交付は受けられるが、WIPOが中国商標局に通報した日から18カ月経過しなければ申請できず、発行まで数カ月かかる）。

C：ウチも同じ理由で中国は直接出願が多いです。中間対応に関しては、受け入れられる指定商品の表記に癖がある国（米国、タイなど）があり、ほぼ必ず補正指令がかかるため、ウチではそういう国もマドプロを使わず直接出願しています。そのあたりはどうですか？

B：指定商品の癖に関しては、マドプロの出願時に、あらかじめ指定国ごとに表記を書き換え（リミテーション）して対応しています。

C：あ、各国の審査で引っかからないように、先に指定国ごとに指定商品を限定しているんですね。

B：そうなんです。よく出願する指定商品について、あらかじめ変換リストを作成しています。例えば、第3類の「せっけん（soap）」という指定商品は、ある国では「化粧用せっけん（cosmetic soap）」じゃないと受け入れられないし、別の国では「非医療用せっけん（non-medicated soap）」じゃないと受け入れられない、ということがあります。それを**最初から変換するための早見表を作ったんです。**

C：それは賢い工夫ですね。いや、最初から各指定国専用の指定商品を考えようとすると、結局は現地代理人への相談費用が発生してマドプロのコストメリットを受けにくくなるじゃないですか。

　　だから私は直接出願にしちゃってるんですけど、いつも決まった指定商品を選んで出願するなら、前例に倣って自分で変換表を作っちゃえばいいんですね。

B：いろいろ研究すると、**「この国の場合は、この表記なら通る！」というノウハウが蓄積される**ので、1回リストを作ってしまえば、かなり便利なんですよ。

② 識別力の審査は厳しいほうがいい？

C：さて、審査の傾向についてはどのようにあるべきだと思いますか？識別力がよく議論になりますね。厳しく判定して拒絶すべきか、はたまた、緩く判定して登録を促すべきか……。

A：基本的には、厳しくあるべきだと思います。実際に審査での識別力の認定が緩くて、なんでも登録になっていたような時期には、産業界から「厳しくしてくれ」という意見が多く出ていましたね。

　ただ、積極的に「厳しく」と声を上げると、自分が出願人の立場になったときにちょっとカッコ悪いことになります（笑）。

　代理人もそうでしょう。論文では「厳しくすべし」と書いていたとしても、クライアントから「登録を目指して意見書を書いてくれ」と依頼があれば真逆の主張をせざるを得ないという……。

C：仕事上はね。

A：だから、厳しくあるべきとは思いますが、積極的には言いにくい。要するに、実務家は良いとこ取りをしたいというのが本音であって。

C：自分本位に言えば**「自分の出願は全部通して、他人の出願は全部拒絶してくれ！」**ですね（笑）。

A：でも客観的、大局的に見ると厳しくすべきだと思います。

C：私も賛成です。これは登録したいと思って出願する商標の背後には、その何倍もの、これは識別力がないから出願しなくていいだろう、調査する必要はないだろうという判断があるわけです。審査における識別力の判断基準が、そうした当業界や需要者における一般的な認識とズレているのは問題で、混乱を招きますよ。

B：ウチも厳しくていいです。普通名称のつもりで使っていても、代理人から「登録になるかもしれない」と言われて出願し、拒絶になったら「審判ではひっくり返るかもしれない」と言われて、結果的に、どうしようもない（普通名称だと思っている）商標なのに「念のため」に審判請求せざるを得なかったことがあって……。

　そういうことをやるくらいなら、厳しいほうがいいです。

A：それは「登録になったら困るけど、出願してみないと分からないから出願する」ということですよね。「お試し出願」というか。

B：そうです。取りあえず出願はするけど、「拒絶査定にしてほしいな」と思ってする出願ですね。

A：そういうのはやっぱり減らすべきだと思うんです。

C：**本来は登録したいから出願すべきなのに本末転倒ですよね。**審判まで促して、代理人はもうかるかもしれませんが、出願人にとってはムダな工数になってしまう……。

B：識別力がないだろうと思っている標章を、他人に登録されると本当に困るので、その点でも、厳しいほうがいいと思います。

A：厳しくした上で残る問題として、商標権は半永久的に権利維持できますから、審査が緩かった時代に登録になった、本来は「識別力がないだろう」というべき登録商標がいつまでも残ってしまうことがありますね。

　制度設計として、例えば識別力喪失を理由とした、後発的な取消制度を作るといった方策が必要なのかもしれません。

C：その問題を、現行の法律の枠組みで考えると、実質的に識別力を欠いている登録商標というのは、権利行使の場面で侵害が否定されて、「ほぼ意味のない権利だったね」ということが確認されるんだと思います。

A：「正露丸」みたいなパターン？

C：そうそう。登録は残っているけど……。

A：実態としては死んでいるよということですよね。

C：でも、係争になって白黒つけば「実質的に死んでる商標権」ということが明らかになるものの、その前段階では、「登録されている以上は、一応、尊重したほうがいいんじゃないか」という判断になりがちなのがね……。

A：ちょっと気持ち悪さがありますね。

C：だから本来的には、登録商標に接するときは、登録されていることの確認だけでは足りなくて、その登録商標の、**現時点での実際の識別力や、具体的な使用場面での効力を、もっと突き詰めて考えて、評価できるようにならないといけないな**、とは思っているんですけど……。

③ 判定制度はもっと利用されるべき！

A：なんなら判定制度をいっぱい使ってもいいかもしれないですね。

C：判定ね。商標の判定制度って、全然使われていないですよね。

B：使ったことないです。

C：私もないんですけど……。

A：本当の侵害訴訟は裁判所がやるものなので、特許庁の判定と一致するとは限らないものの、裁判にまでエスカレートさせることなく、客観的に白黒つけば、安心材料になるじゃないですか。

C：年間10件もないですから、商標の判定請求は。でも、最短3カ月程度で判定がなされますし。

A：判定の傾向も妥当だと思います。

C：変にモヤモヤした思いを抱えながら使用を断念したり、ライセンス料を払ったりするなら、**特許庁に判定してもらってスッキリしたほうがいいのかもしれない。**

B：判定があまり使われていない理由として、知名度の問題もあるかと思います。その他に何か使い勝手の面などでデメリットがあるんでしょうか？

A：裁判所の判決と違って、法的拘束力がない、ということは時々言われますね。それを求めるなら裁判所にいくしかないんですが、一応、**国の機関が客観的に判断するわけですから、使えると思います。**

B：代理人の鑑定書で足りてしまっているのかもしれませんね。

C：それはあるかも。

B：だいたい、経営層に説明するときには、私じゃなくて「外部の先生に書いてもらってください」って言われます。同じようなことを書いているのに（笑）。

A：それが鑑定書じゃなくて、特許庁の判定書だったとしても、別に構わないですよね。

C：代理人の鑑定書は、クライアントの要望に沿った内容になりますよね。判定だと客観性があるという点で差があるでしょう。

第三者に委ねたらどっちに転ぶか分からないと考えると鑑定書のほうがありがたいけど、客観性を重視するなら判定書か……。あとは、費用？

A：ある先生に、判定請求の代理で幾ら取るのかって聞いたら、結構な額を取るんですよ。

C：あ、そんなに高いんですか？

A：ええ。だってクライアントを利する判定を引き出すという点でも、そうやって引き出した判定が、裁判にエスカレートしたとしても齟齬が出ないようにしないといけないという点でも、ものすごい責任を負うからなんですって！

B：印紙代は幾らでしたっけ？　自分で判定請求書を書いてみようかな。

A：あれだけしつこい情報提供ができるんだったら、書けるでしょう。

C：自分でやるなら、印紙代のみで4万円ですね。

B：4万円か……。**自腹で遊ぶ**にしちゃ、ちょっと高いなぁ。

A：「遊び」って言っちゃったよ。

C：どうせやるんだったら「仕事」としてやってください（笑）。

あとがき

　本書を書き終えて改めて思うのは、企業の商標業務は、商標法や商標制度を知っているだけでは務まらないということです。もちろん、法律や制度を知らなければ初歩的な判断もできませんが、それらは代理人や支援窓口など、適切なパートナーを頼れば教えてもらえることでもあります。

　それよりも大切なことは、法制度上、取り得るオプションの中から、何を選び、どのような優先順位で実行し、どのような予防策を講じれば、自社が成したいことを実現できるかをプランニングし、意思決定することです。

　例えば、発売予定の商品に用いる商標が、第三者に商標登録されていることが分かったら、法制度上、取り得る手段としては、取消審判、無効審判、コンセント、譲渡交渉、ライセンス交渉、商標変更などのオプションがあります。

　これらを正しく取捨選択するには、対応にかけられるリードタイム、予算、相手との関係性、勝算、確実性などの諸々を天秤にかけて検討する必要があり、さらに、社内外の関係者の納得を引き出した上で、選んだ手段を実行しなければなりません。

　要するに、法律知識だけでなく、そこに、社会人として求められるあらゆる能力（先見、経験、人脈、交渉力、駆け引き力、説得力、臨機応変さ、決断力など）を掛け合わせることで、初めてレベルの高い仕事ができるということです。

　「まえがき」で書いたとおり、企業で商標業務に従事する人口は少ないという現実があります。それ故に、自分の仕事に自信を持ちにくかったり、やり方が合っているのか確信が持てなかったりする向きもあると思います。しかし、法理と事業を熟知し、専門性と社会人能力を駆使することで、自社の無形資産である商標の保護と活用を推進し、もって企業価値を高めるこの仕事は、掛け値なしに重要で、面白いものです。

　本書が、企業で商標業務に向き合う皆さんの自信に結び付き、明日も頑張ろうと思う手助けになれば、これほどうれしいことはありません。そして、日々、企業をサポートする、特許事務所、法律事務所、調査会社、その他のさまざまな大切なパートナーの皆さんに、企業商標実務の悩みやこだわりが伝わり、それがリーガルサービスのさらなる発展につながることを、心から願っております。

最後に、本書の執筆に当たっては、多くの方のご指導、ご協力を賜りました。お忙しい中、覆面座談会にご協力くださった参加者の皆さま、どうもありがとうございました。企業商標実務を担う仲間として、これからもお互い励まし合いながら、より良い実務を目指していきましょう。

　本書の担当編集者の原澤幸伸氏は、著者がかつて講師を務めた商標研修の資料を読んで、月刊「発明」への連載の打診をくださった初代担当編集者でもあり、まさしく本企画の生みの親、育ての親というべき存在です。心から御礼申し上げます。その原澤氏を引き継ぎ、現在も続く連載を支えてくださる高橋一仁編集長、歴代の編集スタッフの皆さまにも、厚く御礼申し上げます。

2024年7月17日　友利　昂

著者紹介

友利 昴（ともり すばる）

慶應義塾大学環境情報学部卒業。企業で知財・法務業務に長く携わる傍ら、知的財産分野を中心に、さまざまな分野で著述活動を行う。自らの著作やセミナー講師の他、多くの企業知財人材の取材記事を担当しており、企業の知財活動に明るい。講師としては、日本知財学会、日本商標協会、日本弁理士会、発明推進協会、Arts and Law、図書館総合展、全日本文具協会、日本食品・バイオ知的財産権センター、東京医薬品工業協会、版元ドットコムなどの各種団体で登壇している。一級知的財産管理技能士として、2020年に知的財産管理技能士会表彰奨励賞を受賞している。

【主な著作】

『江戸・明治のロゴ図鑑』（作品社）2024年
『エセ商標権事件簿』（パブリブ）2024年
『職場の著作権対応100の法則』（日本能率協会マネジメントセンター）2023年
『エセ著作権事件簿』（パブリブ）2022年
『知財部という仕事』（発明推進協会）2020年
『オリンピックVS便乗商法』（作品社）2018年
『30万円で素敵なお墓を建てる』（夏目書房新社）2016年
『それどんな商品だよ！』（イースト・プレス）2013年
『日本人はなぜ「黒ブチ丸メガネ」なのか』（KADOKAWA）2012年
『へんな商標？2』（発明推進協会）2011年
『へんな商標？』（発明推進協会）2010年

企業と商標のウマい付き合い方談義

2024（令和6）年10月29日　初　版　発行

著　者　友利　昂
©2024　Subaru Tomori
発　行　一般社団法人発明推進協会

発行所　一般社団法人発明推進協会
　　　　所在地　〒105-0001　東京都港区虎ノ門2-9-1
　　　　Tel 03-3502-5433（編集）　03-3502-5491（販売）

印刷・製本・デザイン　株式会社丸井工文社　　Printed in Japan
乱丁・落丁本はお取り替えいたします。
ISBN978-4-8271-1404-1 C3032
本書の全部または一部の無断複写・複製を禁じます（著作権法上の例外を除く）。